攻坚

全面振兴进行时

《攻坚：全面振兴进行时》编委会 编著

辽宁人民出版社

图书在版编目（CIP）数据

攻坚：全面振兴进行时 /《攻坚：全面振兴进行
时》编委会编著 . —沈阳：辽宁人民出版社， 2024.4
ISBN 978-7-205-11113-7

Ⅰ . ①攻⋯ Ⅱ . ①攻⋯ Ⅲ . ①区域经济发展—研究—
辽宁 Ⅳ . ① F127.31

中国国家版本馆 CIP 数据核字（2024）第 079640 号

出版发行：辽宁人民出版社
　　　　　地址：沈阳市和平区十一纬路 25 号　邮编：110003
　　　　　电话：024-23284321（邮　购）　024-23284324（发行部）
　　　　　传真：024-23284191（发行部）　024-23284304（办公室）
　　　　　http://www.lnpph.com.cn
印　　　刷：辽宁新华印务有限公司
幅面尺寸：170mm×230mm
印　　张：14
字　　数：185 千字
出版时间：2024 年 4 月第 1 版
印刷时间：2024 年 4 月第 1 次印刷
责任编辑：娄　瓴　贾妙笙
装帧设计：丁末末
责任校对：吴艳杰
书　　号：ISBN 978-7-205-11113-7

定　　价：55.00 元

《攻坚：全面振兴进行时》
编委会

主　任
焦万伟

副主任
丁宗皓　田学礼　张东平

编　委
侯庆凯　胡　欣　柏岩英　蔡文祥　艾明秋

执　行
高　爽　刘立纲

撰　稿

刘立纲	杨忠厚	方　亮	史冬柏	明绍庚
董翰博	王　月	白　昊	徐铁英	胡海林
赵婷婷	赵　铭	孔爱群	刘　璐	孙大卫
王笑梅	李　越	唐佳丽	赵　静	关艳玲
王敏娜	王　坤	陈博雅	黄　岩	刘　乐
朱才威	金晓玲	王荣琦	刘家伟	许蔚冰
王卢莎	张继锋	崔　治	佟利德	侯悦林
田　甜	郑有胜	李　波	王海涛	张　旭
王　刚	刘立杉	姜　帆		

时至势成兴可待

潮起东方，奔涌向前。

这，是新时代的中国，强国建设、民族复兴，波澜壮阔、澎湃向前，中国式现代化雄浑起笔、宏图铺展。

这，是新时代的辽宁，心系"国之大者"，担当国之重任，在中华民族伟大复兴的宏大叙事中奋力书写精彩篇章。

辽宁，处经济发展黄金纬度带，居东北亚经济圈中心，是工业重镇、农业大省，肩负着维护国家"五大安全"的政治使命。

对辽宁，习近平总书记始终念兹在兹、充满期待。党的十八大以来，习近平总书记多次发表重要讲话、作出重要指示批示，以深邃的洞察力、超常的预见力，为我们把脉定向、掌舵领航，成为辽宁干部群众的思想之源、信心之源、动力之源、方法之源。

2023年，辽宁启动全面振兴新突破三年行动，首战之年，首战告捷。岁月的年轮之上，镌刻着"不容易"与"不平凡"。

这一年，辽宁人民牢记习近平总书记殷殷嘱托，高举思想旗帜，对省情实际再认识再理解，对形势机遇再研判再把握，对发展思路再厘清再拓宽，对发展目标再深化再聚焦，吹响了新时代"辽沈战役"的冲锋号角，明确了打造新时代"六地"的目标定位，激发了全省上下一起拼、同心干、齐奋斗的壮志豪情。

这一年，经过长期优化调整、深蹲蓄力，辽宁经济腾跃而起、量质齐增。

看速度。2023 年，全省地区生产总值站上 3 万亿台阶，增长 5.3%，十年来首次超过全国平均增速。

看引力。2023 年，招商引资到位资金同比增长 16%；人口净流入 8.6 万，扭转了 2012 年以来连续 11 年净流出局面。"山海关不住，投资到辽宁"、"山海关不住，孔雀向北飞"正成为全社会共识。

看动能。2023 年，全省新设经营主体同比增长 33.9%，增速全国第四；新增注册科技型中小企业同比增长 55.6%，一年增量达总量近 1/3。

这一年，理论的指引，人民的拼搏，辽宁画出了一条从"陷入低谷"到"走出最困难时期"，从振兴发展"蓄势待发"到"谱写新篇"的奋进曲线，迎来了期盼已久的"四个重大转变"，进入了"全面振兴其时已至、其势已成、其兴可待"的发展区间。

然而，一山放出一山拦，一峰更比一峰险。"突破"之路，每一关都难闯，每一步都关键。

2024，承上启下，攻坚之年，至关重要。

这一年，进一步，胜利在望；退一步，前功尽弃。

这一年，面对一系列的压力、困难、挑战，辽宁省委将其定为"攻坚之年"，强调要抓住主要矛盾，突破瓶颈制约，注重前瞻布局，全力以赴攻山头、打硬仗、破梗阻，集中优势兵力开展"八大攻坚"。

既为攻坚，其难可见。只要辽宁人不退缩、不迷茫、不动摇，擎起前行的灯、齐舞击水的桨，就一定能乘风破浪、再创佳绩，就一定能巩固态势、奠定胜势。

日拱一卒无有尽，功不唐捐终入海。

请记得：你我的状态，就是辽宁的状态。

请相信：你我的力量，就是振兴的力量。

目录

辽宁全面振兴其时已至、其势已成、其兴可待。

辽宁完全有基础、有条件、有实力，

在东北振兴中发挥好龙头和骨干作用、展现更大担当和作为。

辽宁完全有志气、有骨气、有底气，

在强国建设、民族复兴新征程中重振雄风、再创佳绩。

珍惜来之不易的大好局面，

以更加坚定的信心决心、更加顽强的意志斗志，

坚决打赢攻坚之战，

为实现全面振兴新突破夯实基础、蓄势聚能。

第一篇

八大
攻坚

擂起催征鼓，吹响冲锋号

2024 年 2 月 18 日，寒意未退，而春风已来。

春节后首个工作日，全省优化营商环境打赢攻坚之战动员大会在沈阳召开。攻坚之年打响攻坚之战，是辽宁省委贯彻落实习近平总书记重要指示精神取得更大实效的关键抉择，是全力以赴推动高质量发展、奋力实现全面振兴新突破的关键之战。

辽宁省委书记、省人大常委会主任郝鹏在大会讲话中指出，过去一年，在以习近平同志为核心的党中央坚强领导下，我们全力实施全面振兴新突破三年行动，聚焦 10 个方面突破、50 项重点任务，向新时代"六地"建设进军，办成了许多事关长远的大事要事，取得了许多鼓舞人心的成果成绩，实现"四个重大转变"，三年行动首战告捷，振兴发展从"蓄势待发"走向"谱写新篇"，交出一张分量厚重、提振士气的年度答卷。这些成果成绩，为打赢攻坚之战奠定了坚实基础、厚植了底蕴底气、涵养了发展生态、创造了有利条件，让我们对推动三年行动向纵深挺进，有了更加坚定的信心决心，有了更加强劲的动力实力。事实充分证明，辽宁全面振兴其时已至、其势已成、其兴可待；辽宁完全有基础、有条件、有实力在东北振兴中发挥好龙头和骨干作用、展现更大担当和作为；辽宁完全有志气、有骨气、有底气在强国建设、民族复兴新征程中重振雄风、再创佳绩。我们要珍惜来之不易的大好局面，以更加坚定的信心决心、更加顽强的意志斗志，坚决打赢攻坚之战，为实现全面振兴新突破夯实基础、蓄势聚能。

2024年是全面振兴新突破三年行动的攻坚之年。实现年度目标、确保攻坚必胜，需要全省上下在新的起点上，保持清醒头脑和归零心态，深刻认识攻坚之年攻坚之战的极端重要性，把攻坚作为全年工作的鲜明主题，全部心思向攻坚聚焦，各项工作向攻坚发力，努力把"起势"转化为"胜势"，奋力夺取新的更大胜利。

如何打赢攻坚之战，省委作出了全面部署，提出了确保经济增速高于全国水平的目标。全省上下要把推进中国式现代化作为最大的政治，把高质量发展作为新时代的硬道理，坚持稳中求进、以进促稳、先立后破，扎实履行维护国家"五大安全"政治使命，锚定新时代"六地"目标定位，开局就要战斗、全年都要攻坚，努力走出一条高质量发展、可持续振兴的新路子，一步一个脚印把习近平总书记为辽宁擘画的宏伟蓝图变成美好现实。

一是必须充分发挥党的领导这个最大优势，各级党委（党组）要发挥各个战场、各条战线的指挥部作用，各级领导干部要发挥榜样作用，培养锻造更多敢攻坚、能攻坚、善攻坚的精兵强将，持续净化政治生态，为干部投身振兴、建功立业提供良好环境。

二是必须决胜经济发展这个主战场，聚力"八大攻坚"，抓增长、保持胜势，抓产业、强筋壮骨，抓企业、壮大主体，抓创新、培育动能，抓短板、挖掘潜力，抓安全、筑牢底线，更好统筹发展和安全，在新赛道新战场上抢占先机、赢得主动，抓紧补齐县域经济、民营经济、海洋经济短板，力争早日实现"十个万亿梦"目标。

三是必须打好优化营商环境这个关键仗，把优化营商环境作为推动振兴发展的"撒手锏"，优化政策服务，用好法治利剑，构建亲清统一新型政商关系，推出更多针对性强、含金量高的政策措施，依法平等保护各类经营主体产权和合法权益，营造尊商重商、亲商安商的良好环境和社会氛围，全力打造营商环境"升级版"，以一流营商环境赋能高质量发展。

四是必须用好超常规举措这个制胜招法，冲破思想观念的藩篱，融化体制机制的坚冰，破除行为模式的守旧，以思想大解放促进辽宁大发展，形成更多破局办法和制度创新成果，营造大胆闯、大胆试、大胆干的环境氛围。

五是必须牢记为民造福这个根本目的，强化宗旨意识，站稳人民立场，厚植为民情怀，走好新时代党的群众路线，用情暖民心，用心察民情，用力解民忧，兜住、兜准、兜牢民生底线，让人民群众的获得感成色更足、幸福感更可持续、安全感更有保障。

六是必须依靠团结奋斗这个法宝，依靠团结凝聚合力，依靠奋斗夺取胜利，引导社会各界各方面踊跃投身振兴发展生动实践，发扬大干实干的作风，从小事入手，从点滴做起，积小胜为大胜，打好稳经济、促发展、惠民生、防风险、保安全的主动仗，打好解决制约振兴发展突出问题的歼灭战，努力把"作战图"变为"实景图"，干出无愧于党和人民的新业绩。

攻坚之年承上启下，攻坚之战极为重要。全省上下要牢记高质量发展是新时代的硬道理，聚焦经济建设这一中心工作，坚持稳中求进、以进促稳、先立后破，扎实履行维护国家"五大安全"政治使命，锚定新时代"六地"目标定位，充分发挥党的领导这个最大优势，决胜经济发展这个主战场，打好优化营商环境这个关键仗，用好超常规举措这个制胜招法，牢记为民造福这个根本目的，依靠团结奋斗这个法宝，咬定目标不放松、敢闯敢干加实干，聚力"八大攻坚"，大抓发展、抓大发展，不断巩固态势、扩大战果，攻坚之年打出精彩、打出气势、打出成效，圆满完成全年经济社会发展预期目标，为实现全面振兴新突破夯实基础、蓄势聚能。

上 / 2023 年 10 月 18 日，以"赋能新型工业化 打造新质生产力"为主题的 2023 全球工业互联网大会在沈阳开幕

下 / "创业中华 侨兴辽宁"2023 侨界精英创新创业论坛会现场

在保持赶超势头上聚力攻坚

2024年3月12日，辽宁省政府新闻办召开"聚力'八大攻坚'打好打赢攻坚之年攻坚之战"主题系列首场新闻发布会，省发展改革委、省商务厅、省文化和旅游厅、沈阳市政府、大连市政府相关负责同志介绍了2024年辽宁围绕"在保持赶超势头上聚力攻坚"，推动有效投资持续增长、促进消费潜能充分释放、全力促进区域协调发展等方面的重要部署、主要任务和具体举措。

扩大有效投资，提高发展质效。省发展改革委作为新时代辽宁全面振兴新突破三年行动的"参谋部、作战部、战斗部"，具体从六个方面着手。抓机遇、强落实，巩固经济持续向好态势，用好用足中央支持东北全面振兴政策，强化经济运行监测分析，协调解决堵点、难点、卡点问题，不断壮大实体经济实力；抓资金、引项目，积极扩大有效投资，全力实施15项重大工程，深入实施央地合作；锻长板、增优势，加快发展新质生产力；补短板、强弱项，不断提高发展质效；抓改革、促开放，激发经济发展动力活力；强统筹、优布局，促进区域协调发展。

促消费，稳外贸，抓招商，强平台。省商务厅将聚焦打造东北亚开放合作枢纽地和落实"八大攻坚"任务，紧盯消费、外贸、招商三大商务重点指标，瞄准向北、向东、欧美、中西亚、东南亚及我国港澳5个重点方向，深度融入共建"一带一路"，以清单化、项目化、工程化推动各项工作；乘势而上扩大消费，精心策划一系列促消费活动；多措并举招商引资，全力组织开展好招商平台提档升级行动；奋力打好外贸翻身仗；不断培育壮大各类平台载体。

推动文体旅产业要素高品质融合。省文化和旅游厅锚定打造"高品质文体旅融合发展示范地"目标定位，推进文化强省、体育强省、旅游强省建设，为全省经济社会发展赋能。提高政治站位，抢抓发展机遇；锚定工作目标，加强资源整合，围绕打造"高品质文体旅融合发展示范地"目标任务，进一步梳理挖掘辽宁文体旅资源，切实把资源优势转化为产业优势；强化融合发展，做优文体旅产业，坚持以文塑旅、以旅彰文，推动文体旅产业要素高品质融合，实现质的有效提升和量的合理增长；优化发展环境，扩大交流合作，突出党建引领，加强队伍建设，提升素质能力，改进工作作风，以高质量党建工作推动文体旅高质量发展。

提升沈阳、大连"双核"发展能级。沈大强，辽宁兴。沈阳、大连拉高标杆、咬定目标，力争在攻坚之年攻坚之战中挑大梁、担大任。沈阳全力在提升城市发展能级上攻坚突破，加快建设国家中心城市，努力在辽宁打造国家重大战略支撑地和具有国际竞争力的先进制造业新高地中当好排头兵。大连坚持工业立市、产业强市，以科技创新引领产业创新，加快建设实体经济发达的现代化产业体系，强化创新驱动，加快科技成果本地转化，全面加强东北亚国际航运中心、东北亚国际物流中心建设。

雪后夕阳下的沈阳故宫全景

营口港是辽宁沿海经济带重要的出海口

在开辟新领域新赛道上聚力攻坚

2024年3月13日，辽宁省政府新闻办召开"聚力'八大攻坚'打好打赢攻坚之年攻坚之战"主题系列新闻发布会（第二场），省委组织部、省发展改革委、省科技厅、省工业和信息化厅相关负责同志立足部门职责和实际工作，重点介绍辽宁省强化创新引领，在开辟新领域新赛道上攻坚突破，特别是创建具有全国影响力的区域科技创新中心、加快形成新质生产力、打造面向东北亚的国际化人才高地等方面的重要部署和具体举措。

全方位培养、引进、用好人才。省委组织部将组织开展"聚力攻坚落实年"活动，锚定打造面向东北亚的国际化人才高地，按照发展新质生产力的要求，全方位培养、引进、用好人才，激发全社会创新创造活力，为推进中国式现代化辽宁实践贡献智慧和力量。聚力"兴辽英才计划"，在加快发展新质生产力上取得新突破；聚力招才汇智，在引进高端创新资源上取得新突破；聚力"百万学子留辽来辽"行动，在吸引集聚高校毕业生上取得新突破；聚力"双百链接"活动，在促进科技智力成果转化上取得新突破。

大力发展战略性新兴产业和未来产业。省发展改革委将继续加快壮大新材料、航空航天、机器人、新能源汽车、集成电路装备等产业集群，重点围绕人工智能细胞治疗、元宇宙、深海深地开发等领域，大力发展未来产业。推动战略性新兴产业发展，积极培育未来产业；大力发展数字经济；推动绿色转型发

沈阳新松机器人技术人员在调试工业移动机器人设备

展；不断扩大对外开放。

把科教人才资源优势转化为创新发展胜势。全省科技战线将锚定打造重大技术创新策源地，以创建具有全国影响力的区域科技创新中心为抓手，着力将科教人才资源优势转化为创新发展胜势，重点围绕六方面聚力攻坚。在平台建设上，夯实科技创新"底座"；在技术攻关上，以"辽宁之为"服务"国之大者"；在成果转化上，解决卡点、堵点，打通转化全链条；在服务企业上，尽最大努力为企业降本增效，提升企业创新能力；在区域创新上，全力争创具有全国影响力的区域科技创新中心；在创新生态上，营造有利于科技创新的良好氛围。

推动科技与产业创新"双螺旋"提升。新质生产力,特点是创新,关键在质优。辽宁省工信厅将聚力开辟新领域新赛道,推动科技与产业创新"双螺旋"提升,加快优势产业焕新、新兴产业壮大、未来产业培育,为辽宁实现全面振兴新突破提供强劲动力。开展"有组织"创新,发挥辽宁工业体系完备的场景优势,以市场应用为牵引,开展创新攻关和产业化应用。加快"高端化"升级,实施重大技术装备攻关工程,组织工业母机等协同研制,促进首台(套)重大技术装备推广应用。推动"绿色化"转型,加大力度实施绿色化改造、节能降碳技术改造,发展节能节水、再制造等绿色环保装备,积极推广资源循环生产模式,并积极培育创建绿色工厂、绿色园区和绿色供应链。强化"数字化"赋能,深化"5G+工业互联网"应用,促进中小企业"智改数转网联"。

在大抓企业、项目、产业、园区上聚力攻坚

2024 年 3 月 14 日，辽宁省政府新闻办召开"聚力'八大攻坚'打好打赢攻坚之年攻坚之战"主题系列新闻发布会（第三场），省发展改革委、省工业和信息化厅、省委金融委员会办公室、省市场监管局、中国人民银行辽宁省分行、国网辽宁省电力有限公司的相关负责同志立足部门职责和实际工作，重点介绍了 2024 年辽宁省加快动能转换，在构建现代化产业体系上攻坚突破，特别是在全力塑造制造业新优势、大力发展现代服务业、培育壮大经营主体等方面的重要部署、主要任务和具体举措。

推动现代服务业沿"五化"提升。现代化的服务业是现代化产业体系的重要支撑。省发展改革委将以着力推动现代服务业品质化、数字化、融合化、绿色化、国际化为主要任务，为打赢全面振兴新突破三年行动攻坚之年攻坚之战提供强有力支撑。以品质化提升现代服务业竞争力，推动辽宁服务品牌升级，推动银发经济发展，推动服务业项目提质；以数字化塑造服务业发展新优势；以融合化培育现代产业体系；以绿色化促进服务业高质量发展；以国际化推动服务业高水平开放。

在大抓企业、项目、产业、园区上聚力攻坚。辽宁振兴首先要工业振兴。省工业和信息化厅将持续做好结构调整"三篇大文章"，扎实推进新型工业化，在大抓企业、项目、产业、园区上聚力攻坚，以建设 4 个万亿级产业基地

和 22 个重点产业集群为抓手，加快构建具有辽宁特色优势的现代化产业体系。聚力工业稳增长，聚力产业结构调整，聚力产业转型升级。

积极培育壮大经营主体。经营主体是经济发展的微观基础，高质量的经营主体是推动经济高质量发展的重要支撑。省市场监管局将巩固首战之年良好态势，推动经营主体发展稳中有进。稳增量，全力壮大经营主体规模；提质量，支持各类经营主体转型升级；优服务，破除隐性壁垒；重帮扶，畅通经济"微循环"。

为企业提供有力要素保障。微观主体健康成长需要温暖环境的阳光雨露，源源不断的金融活水和稳定供应的生产要素，是企业成长壮大的重要支撑。2024 年，辽宁省将做好金融"五篇大文章"，奋力开创辽宁金融高质量发展新局面。持续优化科技企业全生命周期的金融服务；持续推动金融机构协同创新服务实体经济；用好用足资本市场服务经济高质量发展。坚持"好钢用在刀刃上"，中国人民银行辽宁省分行将加强与科技、环保等行业管理部门的协同合作，进一步提高金融支持力度、可持续性和专业化水平；支持民营小微市场主体培育壮大。

电力作为重要生产要素，是各类经营主体运营的基础保障。在建设主干网架方面，2024 年辽宁省将建成 500 千伏沈阳白清寨扩建工程，开工建设盘锦辽滨等工程，着力提升沈阳现代化都市圈、沿海经济带供电能力，保障重点项目用电需求。在加快推进能源绿色转型方面，辽宁省将按照"全网统筹、保量稳率"要求，着力提升支撑性电源和需求侧资源调节潜力，推动多能互补和源网荷储一体化融合发展。

在农业强省建设上聚力攻坚

2024年3月15日，辽宁省政府新闻办召开"聚力'八大攻坚'打好打赢攻坚之年攻坚之战"主题系列新闻发布会（第四场），省农业农村厅、省水利厅、省住房和城乡建设厅相关负责同志立足部门职责，重点介绍2024年辽宁省全面推进乡村振兴，在建设农业强省上攻坚突破，特别是筑牢粮食安全保障根基、扎实推进宜居宜业和美乡村建设、激发农业农村发展活力的重要部署、主要任务和具体举措。

锚定打造现代化大农业发展先行地目标。提升粮食综合生产能力，2024年，辽宁省粮食播种面积要稳定在5303万亩以上，粮食产量稳定在500亿斤左右。提升"菜篮子"农产品生产水平，推进规模化设施农业发展，新建和改造提升设施棚室10万亩，促进果蔬产业稳定发展。做精做优特色产业，先期围绕25个优质特色产业，建设41个特色产业发展优势区，打造一批"草莓村""葡萄镇"等特色产业示范村镇，积极创建国家"设施果蔬""中药材"优势特色产业集群，继续打造"辽字号"农业品牌。全力推动食品工业大省建设，推动一批亿元以上农产品加工项目建成投产。全力建好宜居宜业和美乡村。全面深化农村改革，优先支持在乡村振兴示范带、特色产业优势区的集体经济组织发展，推动集体经济发展壮大，继续加强新型农业经营主体和社会化服务组织培育。全力巩固拓展脱贫攻坚成果。

兴修农田水利，保障粮食安全。2024年，辽宁省计划实施浑蒲等4座大型灌区、浑北等21座中型灌区现代化改造和铧尖子水库等2座中型灌区新建项目。黑土区侵蚀沟是黑土地退化的重要表现之一，2024年，辽宁省计划实施黑土区侵蚀沟治理项目27个，治理侵蚀沟4395条、治理长度1050千米，治理控制水土流失面积约300平方千米，总投资19.8亿元。2024年，辽宁省还将围绕辽河、绕阳河、浑河、太子河流域内的8个重点涝区实施治理，以解决影响排涝的"卡脖子"和"堵点"问题，着力提升区域强排能力。加快补齐农村供水短板弱项，有助于提升农村供水保障能力和水平，辽宁省致力于因地制宜完善农村供水网络，对有条件的地区优先开展农村供水工程规模化建设，尚不具备条件的地区则加强小型供水工程规范化建设和改造。为加快农村供水工程建设，辽宁省将制定农村供水高质量发展规划，建立健全从水源到水龙头全链条全过程的农村饮水安全保障体系。

提升乡村"颜值"，传承乡土文化。2024年，辽宁省住建系统将继续开展农村生活垃圾治理攻坚行动；编制全省农村生活垃圾收运处置设施布局规划，指导各地落实处置终端设施跨区域共用共享；强化垃圾分类减量；按照"因地制宜、量力而行"的原则，加快村庄垃圾收集点、乡镇垃圾中转站及垃圾焚烧设施建设，完善农村生活垃圾收运处置体系；制定并出台城乡环卫一体化指导意见，推广市域或县域统筹的城乡一体化农村生活垃圾治理模式，鼓励有条件的地区进一步推进市场化运作，争取各方面资金参与垃圾处置体系运行，扩大城乡环卫一体化覆盖面。同时，将进一步做好传统村落保护利用工作，把历史文化保护工作同设计下乡、美丽宜居村建设、小城镇建设等工作有机结合，统筹保护利用好镇村历史资源，助力发展乡村旅游、文化创意等特色产业，让传统村落焕发新活力。

上／ 金秋十月，红叶映满山，正是欣赏辽阳县甜水满族自治乡祥水源美景的最佳季节

下／ 2023 年 8 月 14 日，初秋时节，空中俯瞰沈阳市沈北新区黄家街道王家村，村庄、道路、田园、河流在蓝天白云的映衬下，呈现出一幅宜居宜业宜游的美丽乡村生态画卷

辽宁省丹东市宽甸满族自治县振江镇绿江村，
被誉为北方"香格里拉"

在深化改革开放上聚力攻坚

2024 年 3 月 19 日，辽宁省政府新闻办召开"聚力'八大攻坚'打好打赢攻坚之年攻坚之战"主题系列新闻发布会（第五场），辽宁省数据局（省营商环境建设局）、省国资委和省商务厅相关负责同志立足部门职责，重点介绍 2024 年辽宁省激发动力活力，在深化改革开放上攻坚突破，特别是打造营商环境"升级版"、深化国资国企改革、打造对外开放新前沿等方面的重大部署、主要任务和具体举措。

坚持"数治营商"打造"四个一批"。以"四个一批"为切入点，坚持"数治营商"，打造营商环境"升级版"，推动数字辽宁上台阶。培树一批特色品牌，推动 12345 热线品牌提档升级，持续深化"办事不找关系"改革，擦亮"清风辽宁政务窗口"品牌，提升"辽事通"影响力，建设"辽企通"涉企服务平台，实现数字机关"一张网"。夯实一批基层基础，持续深化放权赋能改革，持续深化"综合窗口"改革，持续推动营商环境问题整改整治，筑牢数字政府基座，强化数据资源管理，健全数字政府标准规范体系，强化网络数据安全管理和防护，建设一批数字辽宁工程项目。打造一批应用场景，深化"高效办成一件事"改革，持续推进惠企政策免申即享、直达快享，优化"一人（企）一档"专属服务，探索建设居民码、企业码、物码等应用场景，拓展政务服务码服务领域，推动更多便企利民服务"码上办"，强化"一网通办""一网统管""一网协同""三网融合"发展。推出一批创新成果，开展优化营商环境创新实践研究，讲好辽宁营商故事。

国企改革纵深推进，央地合作再上台阶。辽宁省国资国企将把发展新质生产力和增强国企核心功能、提高核心竞争力贯通起来，以敢担当、勇攻坚、善作为的作风深化国资国企改革，力争省属企业营业收入和利润总额同比增速高于全省地区生产总值增速，不断做强做优做大国有资本和国有企业，增强国有经济在辽宁振兴发展中的战略支撑作用。通过持续优化存量，积极拓展增量，强化发展战略规划管理，推进"两非""两资"剥离处置等工作，全面系统地推进国有经济布局优化和结构调整。推进全省地方国企战略性重组和专业性整合；突出发展战略和规划引领作用，按照"一条主线，适度多元"原则，延产业链、价值链适度多元发展；及时清理无业务、无贡献、无法实现功能的企业，大力推进"瘦身健体"。在深化央地融合发展方面，省国资委将跟踪已签约项目落实落地，加快储备一批新的合作项目。

聚焦"四个突破"，提升开放能级。在打造枢纽扩开放上实现新突破。2024 年，辽宁省将着力拓展对外经贸合作，全方位、有重点扩大辽宁经贸"朋友圈"。在提级增能筑平台上实现新突破。2024 年辽宁省将实施"五大战略"，筑平台、强载体、畅通道，全面提升高水平对外开放能级，即实施自贸试验区提升战略、开发区创新提质战略、跨境电商促振兴战略、平台载体联动发展战略、东北海陆大通道升级战略。在引强延链拓招商上实现新突破。聚焦"世界 500 强"和国内外领军企业，招引一批"好大高"、专精特新项目，全年计划新增外资企业 1000 家；开展招商平台提档升级行动，围绕 22 个重点产业集群、4 个万亿级产业基地建设，做优做强招商引资平台。开展央企及头部企业招商行动，加快推进央企进辽宁的 89 个重点项目落地；鼓励企业积极融入央企产业链、供应链，推动地方国企、民企与央企融合发展。在增量提质强外贸

2023年3月4日刚刚投入运营的中欧班列（沈阳）集结中心，处于国内领先的水平。
开行首月，到发中欧班列80余列，重箱率100%

上实现新突破。在稳外贸方面，将多元化开拓国际市场，抓好关于推动外贸优结构稳增长的实施意见等政策落实落地，支持企业抢抓国际市场，培育外贸新优势，为激发外贸活力注入新动能。唱响"辽望全球、品行天下"品牌，开展"百团千企"拓市场行动。实施"100+70"境内外国际性展会计划，组织更多外贸企业"走出去"抢订单、拓市场；提升口岸贸易便利化水平，加快推进营口港、盘锦港口岸部分泊位对外开放验收工作；深化国际贸易"单一窗口"建设，持续优化通关时间和口岸环境。

在统筹发展和安全上聚力攻坚

2024 年 3 月 20 日，辽宁省政府新闻办召开"聚力'八大攻坚'打好打赢攻坚之年攻坚之战"主题系列新闻发布会（第六场），省委政法委、省公安厅、省司法厅、省应急厅相关负责同志立足部门职责，重点介绍辽宁省统筹发展和安全，在建设平安辽宁上攻坚突破，特别是有效防范化解风险、筑牢公共安全防线、创新加强社会治理的重要部署、主要任务和具体举措。

从系统治理等五方面攻坚突破。锚定"平安辽宁建设质效进入全国前列"目标，全省政法系统 2024 年将在系统治理、基层基础、法治方式、风险防范、群众参与五方面攻坚突破，确保全省政治更安全、社会更安定、人民更安宁，实现高质量发展和高水平安全良性互动。2024 年全省政法机关将抓好"惩""防"结合，常态化开展扫黑除恶斗争，依法严打破坏金融管理秩序、金融诈骗、危害税收征管、侵犯知识产权以及侵犯公民个人信息、"食药环"、涉枪涉爆、跨境赌博等突出违法犯罪，加快实现社会治安整体防控体系和能力现代化；用好新时代"枫桥经验"这把基层治理"金钥匙"，持续构建"调解优先、分层递进、司法兜底"的基层矛盾纠纷多元化解机制；运用法治方式，提升治理效能，努力制定一部紧贴实际、内容完善、操作性强、体现辽宁特点的地方性法规。同时，为推动《预防未成年人犯罪法》《辽宁省矛盾纠纷多元预防化解条例》《辽宁省精神卫生条例》落地落实，相关执法检查将在 2024 年开展。

全省还将继续加强在城乡基层培育"法律明白人",引导群众办事依法、遇事找法、解决问题用法、化解矛盾靠法。深化平安校园、平安企业、平安交通、平安医院等基层平安创建系列活动,在四年一次的"平安辽宁"建设先进集体、先进个人评选表彰中加大群众比例,开展好第 19 届辽宁省见义勇为英雄表彰,常态化开展群众安全感、满意度第三方调查,群策群力加强平安建设工作,引导更多群众参与到平安辽宁建设中来。

快侦快破提升群众安全感。"平安护航"专项行动,是公安机关深化平安辽宁建设、护航振兴发展的重要载体。2024 年全省公安机关将推进专项行动向纵深开展,确保打击有力、整治见效、管控到位,为打好打赢攻坚之年攻坚之战创造安全稳定的环境;在严打攻势中做到快侦快破、精准打击,全力打击拐卖妇女儿童犯罪、电信网络诈骗犯罪、涉税违法犯罪,同时紧盯老百姓"米袋子""菜篮子""药箱子",严打民生领域犯罪,对侵财、养老诈骗等关系群众切身利益的案件加大侦办力度。

在建设美丽辽宁上聚力攻坚

2024 年 3 月 21 日，辽宁省政府新闻办召开"聚力'八大攻坚'打好打赢攻坚之年攻坚之战"主题系列新闻发布会（第七场），省生态环境厅、省发展改革委（省能源局）、省水利厅、省林草局相关负责同志立足部门职责，重点介绍辽宁省坚持绿色低碳，在建设美丽辽宁上攻坚突破，特别是深入打好污染防治攻坚战、持续打好生态修复保卫战、坚决打好低碳转型持久战的重要部署、主要任务和具体举措。

推进污染治理守护绿水青山。2024 年全省优良天数比率要达到 88.3%，细颗粒物浓度要达到 34 微克 / 立方米，重污染天数比率要降至 0.7% 以下。深入开展碧水保卫战，让碧水清流更好地惠泽人民群众；深入推进入河入海排污口整治，基本完成全省流域面积 50 平方公里以上河流入河排污口、黄海入海排污口排查整治；持续开展全省饮用水水源保护区环境风险排查，加快大伙房饮用水水源入库河流水质自动监测站建设。深入开展净土保卫战，深入实施农用地土壤镉等重金属污染源头防控行动；建立"无废城市"重点项目清单，高水平推动沈阳、大连、盘锦国家级"无废城市"建设，加快推动营口、阜新等10 个市、县（区）省级"无废城市"建设；还将紧盯危险废物、尾矿库、重金属等重点领域，深入开展环境安全隐患排查整治。推进美丽中国建设辽宁实践，以高水平保护支撑高质量发展，组织开展全省经济绿色低碳转型、陆海统

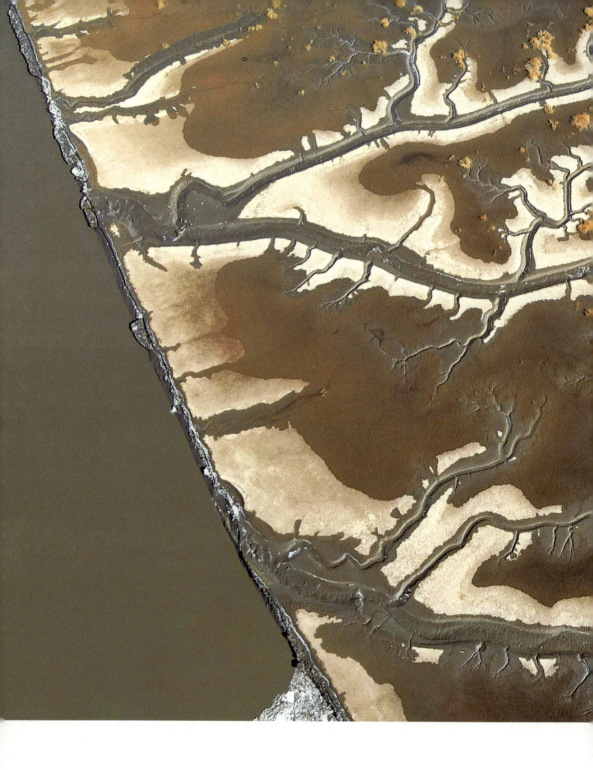

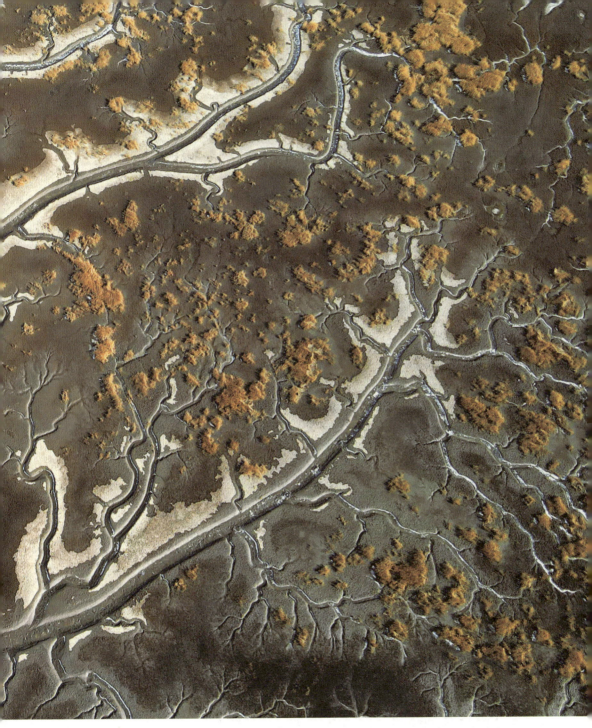

早春辽河入海口处的潮沟形成美丽的树状图案

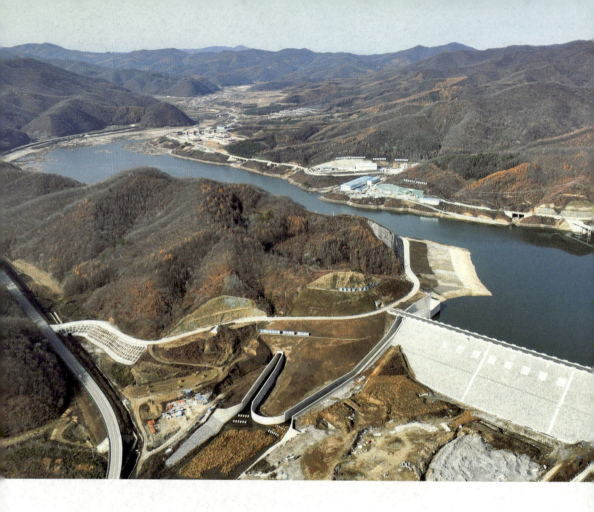

筹生态环境治理。

　　推动能源结构向"绿"而行向"新"而生。坚持安全为先，着力夯实能源供应保障基础；支持符合条件的煤矿核增产能，推进煤矿绿色开采和洗选加工；加快陆上风电建设，科学合理规划和利用海上风能资源；在保护生态的前提下，利用矿区等废弃土地发展光伏发电。坚持绿色低碳，着力推动用能方式转型升级；针对传统用能消费结构偏煤、偏重、偏公路的实际，严格控制化石能源消费；重点推进工业、建筑、交通运输等领域绿色低碳转型，推进终端用能电气化，以及乡村、园区用能多元化，培育发展低碳零碳产业园区。坚持创

辽宁清原抽水蓄能电站项目建设现场

新引领，着力推进能源装备产业发展；发挥重点实验室、产业龙头企业、科技领军企业引领支撑作用，力争在核电装备、燃气轮机、电解水制氢等关键技术领域实现突破。坚持深化改革，着力增强能源行业治理效能；持续优化能源营商环境，深化能源重点领域改革，积极推进电力体制改革，建设统一电力市场体系，稳妥有序推进现货交易试点。

管治并举加快建设幸福河湖。在水资源管理上，将始终强化用水总量和强度刚性约束，严格水资源论证审查和取水许可审批，完善取用水监测计量体系，提升用水统计调查能力水平；开展取用水问题排查整治，进一步规范取用水管理秩序。实行江河流域水资源统一调度，推进生态流量泄放设施改造，健全完善监测预警响应机制，严格生态流量泄放管控，持续促进河湖生态环境改善，并继续实施寇河母亲河复苏行动；建立地下水水位变化预警机制，推动地下水取水总量和水位"双控"要求落地落实。同时继续实施国家节水行动，完善支持节水产业发展政策。在水土流失综合治理方面，计划完成新增水土流失治理任务 2000 平方公里，水土保持率达到77.93%。要全面划定辽宁省水土流失重点预防区和重点治理区以及水土流失严重、生态脆弱区域，依法划定和公告禁止开垦陡坡地的范围，强化预防保护。继续加大对科尔沁沙地歼灭战小流域综合治理

2023 年 8 月 13 日，朝阳建平县杨树岭乡套卜河洛村的壮观景色。这里是朝阳市海拔最高点，30 年前秃山光岭，风沙漫天，常年缺水干旱。经过当地政府多年来的不断治理，如今，乡村生态环境发生了翻天覆地的变化，雨水旺了植被好了，绿树成荫，景色宜人

的支持力度，加快侵蚀沟治理项目实施进度，加强水土流失综合治理。

添绿缚沙厚植辽宁生态底色。2024 年，全省将以推进高标准建设科学绿化示范省为目标，坚持科学、生态、节俭的理念要求，高质量推进国土绿化建设。全年计划完成造林面积 110 万亩，村庄绿化植树 300 万株；计划完成"绿满辽宁"工程建设 265.9 万亩，其中辽西北防风治沙固土项目建设任务 204 万亩，绿化扩面提质项目建设任务 61.9 万亩。2023 年，辽宁省在全国率先启动了科尔沁沙地歼灭战，拉开了全国"三北"工程三大标志性战役的序幕，在沙化荒漠化地区完成综合治理 404.7 万亩，科尔沁沙地歼灭战首战之年取得"开门红"。2024 年，全省计划实施综合治理 384.2 万亩，启动实施辽宁省科尔沁沙地南缘系统治理示范工程建设，还将以保护修复为重点，稳步推进草原湿地生态治理。

在保障和改善民生上聚力攻坚

2024 年 3 月 22 日，辽宁省政府新闻办召开"聚力'八大攻坚'打好打赢攻坚之年攻坚之战"主题系列新闻发布会（第八场），省人力资源和社会保障厅、省民政厅、省卫生健康委、省教育厅、省住房和城乡建设厅、省文化和旅游厅相关负责同志立足部门职责，重点介绍辽宁省增进民生福祉，在保障和改善民生上攻坚突破，特别是积极扩就业促增收、健全社会保障体系、加快建设教育强省、实施健康辽宁行动、推动文体旅融合发展的重要部署、主要任务和具体举措。

保用工稳岗位，促进高质量充分就业。省人力资源和社会保障厅将聚焦经济发展"主战场"，保用工、稳岗位，在全省升级实施"春暖辽沈·惠企护航"保用工促就业助振兴攻坚行动（3.0 版）；抓好 2024 届高校毕业生、离校未就业高校毕业生和登记失业青年就业服务，开展"振兴有你·就有未来"高校毕业生留辽来辽就业促进行动，支持高校毕业生在新业态领域就业；助力培育新质生产力，开展"技能就业、技能增收、技能成才、技能报国"行动 2.0 版，全年开展补贴性职业技能培训 20 万人次；举办辽宁省第二届职业技能大赛，对成绩优异选手按规定晋升等级、授予相关荣誉称号并落实待遇；畅通基层就业"服务圈"，在全省建设一批"舒心就业"指导服务站点，帮扶 7 万名就业困难人员实现就业，确保零就业家庭至少 1 人实现就业。

健全社会救助体系，兜住兜准兜牢民生底线。省民政厅将加快健全分层分类的社会救助体系，兜住兜准兜牢民生底线；出台刚性支出困难家庭认定等政策，推动将专项救助拓展至刚性支出困难家庭成员，形成梯度救助格局；规范全省低保标准调整方法、程序和时限，及时发放价格临时补贴，为71万困难和重度残疾人分别发放生活和护理补贴，深入开展精神障碍社区康复服务，扎实做好生活无着流浪乞讨人员救助服务工作；努力提升儿童福利服务水平，开展"辽蕾计划"试点项目，为农村留守儿童等提供家庭教育指导、心理健康等社会服务；大力发展普惠型养老服务；加强数字民政建设，牵头深化公民婚育一件事、身后一件事集成化办理，推动低保申请、审核确认和养老服务津补贴申请全流程网办和跨市通办。

深化教育改革，加快建设教育强省。全省教育系统将牢牢把握教育的民生属性，深化教育综合改革，加快推进教育强省建设，以教育之力厚植人民幸福之本；推进学前教育优质普惠发展，大力发展公办幼儿园，积极扶持普惠性民办幼儿园，在城市新增人口、流动人口集中地区新建、改扩建一批幼儿园，在农村地区每个乡镇至少办好一所优质公办中心幼儿园；加快义务教育优质均衡发展，在城市中心城区和县城新建、改扩建一批义务教育学校，扩大优质学位供给，完成16个县（市、区）优质均衡省级评估验收，全年创建新优质学校200所。强化特殊教育优质融合发展，全面落实各项学生资助政策。

推进健康辽宁建设，提升公共卫生服务能力。全省卫生健康系统将在保障和改善百姓健康福祉上聚力攻坚，深入推进健康辽宁建设。推进优质医疗资源

右上／ 辽宁利用体育大省、制造大省、文化大省等资源优势，全面提高学生综合素质，强化学生德智体美劳全面发展

右下／ 中国医科大学附属第一医院是一所具有光荣革命传统的医院，如今已发展成为东北地区疑难急重症诊治中心

扩容和均衡布局，构建以国家区域医疗中心为龙头、省级区域医疗中心为骨干、市县高水平医院为支撑的整合型公立医院发展新体系；加速推进县域医共体建设，全年建强乡镇卫生院 32 所、村卫生室 979 所，持续提升基层防病治病能力；提升公共卫生服务保障能力，持续深化落实疾控体系改革，加强智慧化多点触发传染病监测预警体系建设。同时，全省还将聚焦重大项目，大力推进中医药强省建设，聚焦"一老一少"，持续强化重点人群健康服务保障，全面构建系统连续、优质高效、方便可及的医疗卫生体系，不断提升覆盖全生命周期、健康全过程的卫生健康服务保障能力。

优化城市建设发展方式，解决群众"急难愁盼"。省住房和城乡建设厅为

欢乐的蒲河湾

让城市更有"温度"，2024年将重点抓好6项民生工作。继续实施老旧小区改造，年内全省再改造700个老旧小区、4463栋楼、建筑面积1800万平方米，惠及居民25.6万户；结合老旧小区改造，开展高空"蜘蛛网"问题专项整治，通过线路规整、管线入地等方式因地制宜实施改造，为群众打造一个环境优美、秩序井然、安全宜居的生活环境；大力推进老旧管网改造；加快海绵城市建设；规划建设保障性住房，逐步构建以政府为主提供基本保障、以市场为主满足多层次需求的住房供应体系，重点保障住房困难的城镇家庭和引进的人才；围绕住房、小区（社区）、街区、城区（城市）4个维度和国家明确的多项指标体系开展城市体检，整体推动城市结构优化、功能完善、品质提升。

推动文体旅融合发展，满足人民美好生活需要。锚定"打造高品质文体旅融合发展示范地"目标，从两方面重点发力，推进文体旅高质量发展，用心用情推进文旅惠民。创新实施文化惠民工程，推出更多增强人民精神力量的优秀作品，全年开展公益惠民演出1000场；健全现代公共文化服务体系，统筹用好基层各类文体旅设施资源，提高公共文化场馆免费开放和服务水平；强化文物保护管理与活化利用，推出一批精品文博展陈；提升非遗保护传承水平，选取内容丰富、形式多样的非物质文化遗产项目进校园、进社区。围绕高品质文体旅融合，着力推进文体旅高质量发展。丰富冰雪、海洋、边境、赛事文化内涵，植入休闲旅游要素，着力打造文体旅融合产品；鼓励体育场馆、旅游景区、旅游度假区、夜间文化和旅游消费集聚区等场景不断丰富体育赛事、文旅活动供给，着力建设文体旅融合目的地；促进旅游与文化、体育、农业、交通、商业、工业、城市更新等各领域的深度融合，着力培育文体旅融合新业态；依托重点商圈商街、城市公园、休闲街区、文体场馆等设施，着力构建文体旅消费综合体。

2023 年，

辽宁全力实施全面振兴新突破三年行动。

聚焦 10 个方面突破、50 项重点任务，

全面打响新时代辽宁全面振兴攻坚战，

向新时代"六地"建设进军。

办成了许多事关长远的大事要事，

取得了许多鼓舞人心的成果成绩。

实现"四个重大转变"，三年行动首战告捷。

振兴发展从"蓄势待发"走向"谱写新篇"，

交出一张分量厚重、提振士气的年度答卷。

第二篇

首战答卷

首战告捷
全面振兴谱写新篇章

对于辽宁来说，刚刚过去的 2023 年，激情与拼搏交织，机遇与挑战并存，责任与信心同在，我们顶住巨大压力，克服重重困难，一起拼、同心干、齐奋斗，奋力夺取了全面振兴新突破三年行动首战告捷！

统计数据显示，2023 年，全省地区生产总值突破 3 万亿元，增长 5.3%，自 2014 年以来增速首次高于全国！这是来之不易的 5.3%，是振奋人心的 5.3%，更是值得倍加珍惜的 5.3%！

大干必有成果，奋斗就有回报！一年来，在以习近平同志为核心的党中央坚强领导下，辽宁省委坚持一手抓高质量发展、一手抓全面从严治党，团结带领全省干部群众，全力实施全面振兴新突破三年行动，以超常规举措持续推进新时代东北振兴、辽宁振兴，用非常之策谋发展、行非常之举促振兴、下非常之功求突破，办成了许多事关长远的大事要事，收获了"四个重大转变"的可喜成果，各项工作呈现多年少有的良好局面。

在 2024 年新年贺词中，习近平总书记指出，"东北全面振兴谱写新篇"。这是对我们最大的鼓舞、最大的鞭策！

2024 年 2 月 1 日至 2 日，辽宁全面振兴新突破三年行动首战之年总结会在沈阳召开。

省委书记、省人大常委会主任郝鹏在讲话中指出，全面振兴新突破三年行动首战之年，我们深入贯彻落实习近平总书记重要指示精神和党中央决策部署，坚定拥护"两个确立"，坚决做到"两个维护"，以高度的政治担当和强烈的历史主动精神，坚持一手抓高质量发展，一手抓全面从严治党，推动经济运行稳中向好、好中有进、进中提质，实现了"四个重大转变"，夺取了三年行动首战告捷。过去一年，省委作出辽宁已经走出了多年来最困难时期的重大判断和全力实施全面振兴新突破三年行动的重大决策，团结带领广大干部群众，走实走好高质量发展、可持续振兴的新路子。各地区各部门勇担重任、冲锋在前，全省上下同欲、干群同心，心往一处想、劲往一处使、智往一处谋，一起

地区生产总值增速十年来首次超全国

2023年,地区生产总值总量突破3万亿元

+5.3%

一般公共预算收入增长 **9.1%**

用于民生比重 **76.5%**

城乡群众收入持续增长

城镇和农村居民
人均可支配收入分别增长

4.3% 和 **7.9%**

退休人员基本养老金人均增长 **3.8%**

城乡低保月均标准分别提高到
753元和**601**元

消费快速回暖

社会消费品零售总额

+8.8%

高于全国平均增速

包含食、游、购、娱、体、展、演等在内的多元化夜经济提供了重要动力

优化调整稳就业政策措施

稳定岗位 **332** 万个，城镇新增就业 **47.9** 万人

全年累计培训新就业形态劳动者 **1.68** 万人次

全年累计召开专场招聘会 **413** 场

提供用工对接服务 **7.46** 万人次

满足群众对优质教育资源需求

全省新建公办义务教育学校 **32** 所

改扩建学校 **55** 所

新增公办学位 **5.4** 万个

优质特色高中覆盖率提高到 **56.7%**

农村义务教育学生营养改善计划惠及学生 **40** 余万名

全省组建 **825** 个教育集团，覆盖率达 **98.2%**

满足群众养老服务需求

全省城乡社区养老服务设施发展到 **12740** 个

覆盖率分别达到 **100%** 和 **64.8%**

社区养老床位 **4.74** 万张

全年新增街道层面养老服务综合体 **76** 所

全省街道层面养老服务综合体覆盖率达到 **67%**

推动基层卫生服务体系建设

截至2023年底 全省累计建强

418 所乡镇卫生院

8021 所村卫生室

69% 的社区卫生服务中心和乡镇卫生院达到服务能力基本标准以上

瓦房店市、彰武县、本溪满族自治县、康平县等

18 县(市)区成为紧密型医共体建设试点县(市)

28 个县加入全面推进县域医共体队伍

文化体育事业繁荣发展

组织开展群众文化活动达 **1000** 多场次

全年共组织开展戏曲进乡村 **208** 场

全省拥有滑雪场 **30** 余座

室内外专业滑冰场 **60** 余个

每年参与滑冰人数达到 **35** 万人次

"山海有情·天辽地宁"叫响全国

旅游总收入 **5022.6** 亿元

同比增长 **1.7** 倍

深入开展"平安护航"专项行动

依法打击电信网络诈骗犯罪

刑事、治安警情同比分别下降 **24.6%** 和 **15.3%**

沈阳市、锦州市获评首批全国社会治安防控体系示范城市

拼搏努力、团结奋斗。实践充分证明，大干必有成果，奋斗就有回报，辽宁干部是能干事、能干成事的。

郝鹏指出，首战之年，我们高举旗帜、紧跟核心的信念更加坚定。全省上下坚持把习近平新时代中国特色社会主义思想作为总指引，认真贯彻落实习近平总书记对辽宁工作的重要指示批示精神，战胜一个个风险挑战、干成一件件大事要事，推动辽宁焕发新气象、实现新发展。

实践证明，只要我们牢记嘱托、感恩奋进，坚定不移沿着习近平总书记指引的方向前行，就一定能够重振雄风、再创佳绩。首战之年，我们咬定目标、久久为功的韧劲更加凸显。全省上下紧盯三年行动各项目标任务，以不达目的不罢休的精神和持之以恒的韧劲，精准发力，全面用力，一步一个脚印推动各项工作落实落地。

实践证明，只要咬定目标不放松，保持定力不动摇，就一定能够积小胜为大胜，以量变积累实现质变飞跃。首战之年，我们攻城拔寨、舍我其谁的勇气更加坚决。全省上下面对各种困难挑战，敢于啃"硬骨头"，不绕道、不畏险，采取超常规举措，创造性推进各项工作。

实践证明，只要解放思想、打开思路，敢闯敢干加实干，就一定能够从艰难困局中找到出路，于时代变局中开创新局。首战之年，我们争分夺秒、只争朝夕的劲头更加饱满。全省上下始终与时间赛跑、同挑战过招，全力拉满推动发展的"进度条"，以"满弓"状态保持冲刺，到处呈现热火朝天的奋进场景。

实践证明，只要我们抢抓机遇、快马加鞭，就一定能够以高效率赢得高速度，以快节奏换来快发展，推动各项工作取得新成效。首战之年，我们比学赶超、争先进位的氛围更加浓厚。各地各部门发扬敢闯敢拼、敢干实干精神，动起来、比起来、赛起来，自加压力，积极作为，你追我赶，以一域之光为全局添彩。

生态环境质量巩固提升

建设乡村振兴示范带 **23** 条
美丽宜居村 **1020** 个

PM2.5年平均浓度 **32.4** 微克/立方米

国考地表水断面优良水质比例 **85.3%**
完成生态修复面积 **123** 万亩

加快推进科学绿化试点示范省建设
营造林 **258.9** 万亩

扎实推进城市更新行动

开工改造老旧小区 **1428** 个
惠及居民 **71.4** 万户
累计完成投资 **184.2** 亿元
改造规模居全国首位

新建口袋公园 **1300** 个
新增文化休闲、体育健身场地及公共绿地 **40.5** 万平方米

加装电梯 **116** 部
新增停车位(库) **16117** 个、充电桩 **765** 个
实施适老化、无障碍改造 **188** 个小区
新增养老、托育、医疗、助餐等社区服务设施 **140** 个

一批重大基础设施投入运营

全年共实施高速公路项目建设 **9** 条
总里程 **805** 公里
全省高速公路通车里程已达到 **4409** 公里
全省高铁里程已达 **2214** 公里

京沈高铁实现"公交化"开行
沈大一站直达高铁增至 **9** 列
全省已建成 **2815** 个客货邮站点

开通客货邮线路 **69** 条

覆盖 **7** 个县级客运站、**66** 个乡镇运输服务站
563 个建制村服务点

巩固脱贫攻坚成果

脱贫人口人均纯收入同比增长 **15.3%**
连续三年高于全省农村居民人均可支配收入增速
全省实施产业帮扶项目 **3898** 个
投资 **32** 亿元

积极引导发展"庭院经济"

认定 **34** 个村

为高质量发展庭院经济示范村庄

全省脱贫人口务工 **18.8** 万人

比上年增长 **17.8%**

安置公益性岗位 **4.9** 万个

实践证明，只要拉高标杆、勇争一流，比着干、争着干、抢着干，就一定能够拼出斗志、拼出激情、拼出成绩，推动各项工作实现新突破。首战之年，我们展现形象、提振预期的意识更加强烈。全省上下密集开展各类推介活动，讲好辽宁故事，营造良好氛围，让越来越多的人关注辽宁、看好辽宁。

实践证明，只要不遗余力为振兴发展擂鼓助威、加油鼓劲，就一定能够广泛凝心聚力，形成推动振兴发展的正能量。

耕耘更知韶光贵，不用扬鞭自奋蹄。成绩单上亮眼的数字、光荣榜上夺目的荣誉，都更加坚定了辽宁人取得全面振兴新突破的必胜信念。我们要继续保持首战之年的干劲和势头，主动作为、争先进位，交出让党和人民满意的新答卷。

回首2023，我们满怀激情、苦干实干，走过了一段极不寻常的历程！展望2024，我们要乘势而上、接续奋斗，坚决打好打赢攻坚之年攻坚之战！

任务催人奋进，仍需砥砺前行。当前，三年行动已舟至中流，虽水域更宽却挑战更劲。2024年，我们要保持"归零"心态、重整行装再出发，向"攻坚"聚焦、朝"攻坚"发力，乘势而上，再进一程。

夯基垒台
三年行动点燃新激情

在全面贯彻党的二十大精神的开局之年、东北振兴战略实施 20 周年之际，辽宁将以怎样的思路举措和精神状态开启新征程，在新时代东北振兴上展现更大担当和作为，对此，全省广大干部群众充满期待，外界也十分关注。

习近平总书记对辽宁高度重视、念兹在兹、充满期待，特别是面向"十四五"，总书记作出新时代东北全面振兴"十四五"时期要有突破的重要指示；2022 年 8 月，习近平总书记在辽宁考察时强调，在新时代东北振兴上展现更大担当和作为，奋力开创辽宁振兴发展新局面。党的二十大报告再次明确提出，推动东北全面振兴取得新突破。全面振兴取得新突破，既是习近平总书记对我们的鼓励和期望，也是赋予我们的使命和任务。

在时间的坐标轴上，对于辽宁来说，2023 年极为关键："十四五"实现全面振兴新突破仅剩下三年了，时间不可谓不紧，任务不可谓不重，实现振兴时不我待，加快发展迫在眉睫，我们已经到了决战决胜全面振兴新突破的关键时期！

牢记嘱托、感恩奋进、不辱使命！辽宁省委深入学习贯彻习近平总书记关于东北、辽宁振兴发展的重要讲话和指示批示精神，坚决扛起维护国家"五大安全"的政治使命，咬定目标不放松，一张蓝图绘到底，启动实施全面振兴新突破三年行动。

作出实施全面振兴新突破三年行动这一重大决策，基于这样一个重要判

上／　近年来，"辽洽会"影响力逐步扩大，平台效应受到各方广泛赞誉。图为以"数字赋能 智造未来"为主题的辽洽会产业合作主题展

下／　2023 年 9 月 1 日在沈阳举办的第 21 届中国国际装备制造业博览会现场。图为太行发动机模型展示

断：辽宁已经走出了多年来最困难时期，全面振兴蓄势待发。

站位全国大局看辽宁、跳出辽宁看辽宁，省委全面审视辽宁的优势与劣势、机遇与挑战，找准方位、保持定力，扬长避短、扬长克短、扬长补短，在深入调查研究的基础上，进一步理清发展思路——

横向比：标兵渐行渐远，追兵越来越近，发展形势逼人，竞争态势逼人。我们承认差距，但绝不甘心落后，必须强化坐不住、等不起、慢不得的紧迫感，奋起直追、争先进位。

自身看：全省高质量发展的基础更加巩固，维护国家"五大安全"的能力不断提升，外界对辽宁的预期持续向好，干部群众干事创业的热情空前高涨，辽宁具备了在振兴发展新阶段展现更大担当和作为的基础和条件，实施三年行动正当其时！

2022年12月26日，在一年一度的省委经济工作会议上，辽宁省委部署启动实施全面振兴新突破三年行动，动员全省上下大干三年、奋斗三年，以新气象新担当新作为实现全面振兴新突破。新时代东北振兴、辽宁振兴的号角吹响了！

承载着辽宁人民的热切期盼，三年行动一经提出就得到了社会各界的高度关注、普遍认同。

辽宁被誉为"共和国长子"，曾创造过历史性辉煌，也曾经历过阶段性困顿。几十年来，无论是全省广大干部群众，还是身处异乡的辽宁人，对辽宁实现全面振兴、再展辽宁雄风始终心心念念、满怀期待。

民心所盼，政之所向。辽宁省委顺应全省人民的共同心愿，把三年行动作为谱写中国式现代化辽宁新篇章的奠基之举、垒台之作，使之成为推动各项工作的"总牵引"，不断激发全省上下矢志不渝实现全面振兴新突破的昂扬斗志，依靠团结奋斗把美好愿景变为现实。

2023 年 2 月 22 日，辽宁省委十三届五次全会审议通过的《辽宁全面振兴新突破三年行动方案（2023—2025 年）》，明确了坚决实现新时代东北振兴、辽宁振兴的奋斗目标，奋力实现全面振兴新突破的任务书、作战图。这是一次实施全面振兴新突破三年行动的动员大会，也是一次明确任务、压实责任的部署大会，更是一次凝聚力量、激发斗志的誓师大会！

省委书记、省人大常委会主任郝鹏指出，实施三年行动，推动辽宁全面振兴取得新突破，不是一项普通的专项行动，而是十分重要的政治任务，是必须回答好的政治大考。

目标一经确定，就要排除万难去实现；承诺一经作出，就要全力以赴去兑现！

三年行动是考试，就要考出好成绩！是战场，就要坚决打胜仗！是平台，就要展示新风采！过去的一年，三年行动极大地激发了广大干部群众干事创业的激情！

从组织架构到任务分解，从明确责任到狠抓落实，全省上下以辽宁人特有的志气、骨气、底气，横下一条心、铆足一股劲，咬定目标、真抓实干，向着三年行动首战告捷的目标发起冲锋。

这一年令我们无比振奋的是，习近平总书记为新时代东北全面振兴把脉定向、指路领航。2023 年 9 月 7 日，习近平总书记主持召开新时代推动东北全面振兴座谈会并发表重要讲话，深刻阐述了一系列根本性、方向性、全局性重大理论和实践问题，为新时代推动东北全面振兴提供了根本遵循。这一年，中共中央政治局会议审议《关于进一步推动新时代东北全面振兴取得新突破若干政策措施的意见》，政策红利空前释放。新时代新征程，辽宁迎来了新一轮发展的春天。

观大势、谋全局、抓大事。2023 年 11 月 6 日至 7 日，辽宁省委十三届六

次全会召开，审议通过了《中共辽宁省委关于深入贯彻落实习近平总书记在新时代推动东北全面振兴座谈会上重要讲话精神 奋力谱写中国式现代化辽宁新篇章的意见》。在深刻领会习近平总书记重要讲话精神的前提下，辽宁省委对省情再认识再理解，对形势机遇再研判再把握，对发展思路再厘清再拓宽，对发展目标再深化再丰富，提出了打造新时代"六地"的目标定位，就是要在如期实现全面振兴新突破基础上继续不懈奋斗，努力将辽宁打造成为国家重大战略支撑地、重大技术创新策源地、具有国际竞争力的先进制造业新高地、现代化大农业发展先行地、高品质文体旅融合发展示范地、东北亚开放合作枢纽地，为强国建设、民族复兴提供有力支撑，作出更大贡献。

路走对了，何惧山高水长！只要我们咬定目标不放松，敢闯敢干加实干，一年接着一年干，就一定能够实现全面振兴新突破，保质保量如期完成三年行动各项目标任务，一步一个脚印地把习近平总书记擘画的宏伟蓝图变成美好现实。

左上／ 朝阳建平县杨树岭乡套卜河洛村，庄稼年年大丰收，老百姓有了切切实实的获得感和幸福感
左下／ 辽河源头（东西辽河在福德店汇为辽河）。2022 年，辽河全河流水质达到有监测记录以来最高水平

聚焦聚力
首要任务抓出新成效

回望首战之年，聚焦辽宁这片沃土，在奔腾涌动的创新热潮中，高质量发展势头正劲。

首台中速大功率氨燃料发动机点火成功，国内自主研发超大型盾构机主轴承、高海拔环境科考站辅助值守机器人……一连串贴着辽宁标签的"国之重器"相继服务于国家重大工程，彰显"辽宁智造"的十足底气。

推动高质量发展是辽宁全面振兴的根本出路。

以科技创新推动产业创新，大力发展战略性新兴产业，培育更多新质生产力，2023年，全省高技术产业发展欣欣向荣：高技术产业投资在固定资产投资中的占比提高1.8个百分点，规上高技术制造业增加值增长比全国高6.1个百分点，亮眼的数据成为辽宁高质量发展的生动注脚！

辽宁省委书记、省人大常委会主任郝鹏指出，实现辽宁全面振兴新突破，我们必须深刻理解、准确把握习近平总书记关于高质量发展的重要论述，必须坚定不移、一以贯之推动高质量发展，以高质量发展推进辽宁全面振兴全方位

右上／ 华晨宝马里达工厂车身车间，机器人正舞动手臂进行作业

右下／ 位于大连金普新区的大连日佳电子有限公司，主要生产智能柔性机器人、智能柔性装联机器人生产线、智能制造管控系统等系列产品，是国家高新技术企业、国家首批重点"专精特新"小巨人企业。图为该公司自主研发的 USB 组装线体，为丰田汽车提供车载 USB 组装加工

振兴，谱写好中国式现代化辽宁新篇章。

首战之年，全省上下牢牢把握高质量发展这个首要任务，把高质量发展放在更加突出的位置，一仗接着一仗打，积小胜为大胜，以强烈的担当意识大抓高质量发展，推动经济实现质的有效提升和量的合理增长，确保实现三年行动首战告捷。

辽宁省委副书记、省长李乐成指出，要深入贯彻习近平总书记关于高质量发展的重要论述，按照省委工作要求，全力实施全面振兴新突破三年行动，把高质量发展这个首要任务谋得更深、抓得更紧、落得更实。

首战即决战，各地区各部门迅速动起来、立即干起来，竞相发展、争当主力，全力以赴投身三年行动的火热实践。

■ 投资、消费、出口"三驾马车"协同发力

华锦阿美精细化工及原料工程项目开工、宝马第六代动力电池项目奠基……放眼全省，贯穿全年，落地开工、竣工投产，高质量项目建设热火朝天。首战之年，全省上下始终把扩大有效投资作为促发展的"驾辕马"、稳增长的"动力源"，以强烈的机遇意识千方百计抢项目拼发展，一大批"含绿量""含新量"高的优质项目纷纷落户。与此同时，全省上下多点发力促进消费、综合施策扩大出口，"三驾马车"动力强劲，带动经济高质量发展奔涌向前。

■ 工业、服务业、农业"三业并举"

辽宁振兴首先要工业振兴，全省上下聚焦振兴主战场，打好工业翻身仗，着力做好结构调整"三篇大文章"，一举改变了工业经济核心指标增速多年低

上/ 辽宁孔雀表业（集团）有限公司年产百万只高端机械表机芯智能研发制造平台于 2023 年落成投产，预计年新增产值 2.75 亿元

下/ 位于盘锦高新技术产业开发区的辽宁中蓝电子科技有限公司，主要研制手机摄像头两大核心部件——马达和镜头，客户涵盖华为、荣耀、小米、OPPO 等国内知名手机品牌；作为从辽宁老工业基地组建、成长和发展起来的光学电子领域高新技术民营企业，经过 12 年的创新发展，现已成为中国手机核心器件领军企业。图为该公司手机摄像头马达车间生产线

于全国水平的局面。

　　沈阳微控新能源技术有限公司是目前辽宁的两家"独角兽"企业之一，正凭借国际飞轮储能领域的先进技术，抢占更大的市场份额，目前企业已有 10 亿元订单在手。

　　一年来，我们坚持把发展经济的着力点放在实体经济上，一二三产业协同发力，强工业、兴农业、抓服务业，进一步夯实了高质量发展的产业根基。

■ 国企、民企、外企"三企联动"

　　推动各类企业在辽宁竞相发展，全省上下持续优化营商环境，尊重企业家、

左／ 2023 年 8 月 3 日，全国知名民企助力辽宁全面振兴新突破高端峰会在沈阳开幕。图为会议现场

上／ 在 2023 年 8 月举行的全国知名民企助力辽宁全面振兴新突破高端峰会上，文化旅游发展专题活动会场外，辽宁地方特色文旅产品现场展示

尊重创业者，国企敢干、民企敢闯、外企敢投的氛围越来越浓。

一年来，辽宁省不断强化与中央企业合作，大力度对接、会商，采取"一项目一方案"的管理模式、"半月调""月通报"的调度模式，掀起央地合作热潮，洽谈签约实施重大项目 156 个。组织全省民营企业家座谈会、全省民营企业家代表早餐会、全国知名民企助力辽宁全面振兴新突破高端峰会……不断完善举措、优化服务，强信心、稳预期、增定力，倾心竭力支持民营经济加快发展、健康发展、高质量发展。制定积极引进外资企业三年行动方案，举办多场外资企业圆桌会议，主动帮助外资企业协调解决问题，华晨宝马、SK 海力士、米其林轮胎等重点外资企业持续增资。深厚的产业底蕴、良好的发展环境吸引了越来越多的外商投资目光，全年新增外资企业 959 家。

中俄地方投资发展与贸易合作大会开幕现场

■ 教育、科技、人才一体推进

揭牌组建一周年，材料、辽河、滨海和黄海四家辽宁实验室交出高分"成绩单"：以项目为牵引进一步集聚高水平科研人员，实施一批重点科研项目，推动更多科研成果在辽宁转化。

以点带面，一年来，辽宁坚持教育发展、科技创新、人才培养一体推进，全力创建具有全国影响力的区域科技创新中心，不断开辟新领域新赛道，构建发展新动能新优势。教育、科技、人才三位一体，有力支撑起高质量发展。

■ 改革和开放双轮驱动

这一年，我们坚持用好改革开放的关键一招，解放思想、大胆探索，向改革要动力、向开放要活力。一年来，我们全面清理影响振兴发展的障碍，注重协调推进各项改革，实施国有企业改革深化提升行动，改革攻坚、强化执行，最大限度提升改革整体效能；持续强化"枢纽"意识、"前沿"观念，全力打造对外开放新前沿，开放合作深化拓展，加强与国家重大战略对接，深度融入共建"一带一路"，持续推进向东开放，着力做好向北开放大文章，推进华晨宝马、华锦阿美等重大外资项目取得重要进展，对俄进出口增长 53%。

深化改革、扩大开放，为三年行动积蓄新动能、注入新动力。

回望首战之年，我们以"时时放心不下"的责任感，更好统筹发展和安全，树立和践行正确政绩观，多做打基础、利长远、出实效、创实绩的事，坚决不要带水分的 GDP、坚决不要带污染的 GDP、坚决不要带血的 GDP，高质量发展步履更坚定、氛围更浓厚。

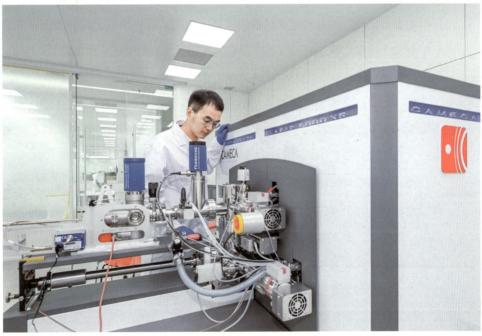

上／　黄海实验室工作现场

下／　辽宁材料实验室分析测试人员正在三维原子探针设备前查看测试样品的状态

严管严治
使命担当激荡新气象

实现辽宁全面振兴，我们的前途一片光明，但脚下的路不会是一马平川，既会有道道"坎"，也会有种种"难"，打好打赢新时代辽宁全面振兴新突破必定充满挑战。

知所从来，思所将往，方明所去。加强党的领导和党的建设，是辽宁全面振兴的根本保证。省委书记郝鹏多次强调，要把坚持和加强党的全面领导贯穿三年行动全过程、各方面，一手抓高质量发展、一手抓全面从严治党，两手抓、两手都要硬，以高质量党建引领高质量发展。

这一年，辽宁省委坚决扛起管党治党政治责任，坚定不移全面从严治党，全省党的建设呈现新气象，政治生态持续净化、干部队伍奋发有为。实现三年行动首战告捷，我们更有信心更有底气也更有保障！

深入开展学习贯彻习近平新时代中国特色社会主义思想主题教育，是贯彻落实党的二十大精神的重大举措。辽宁省委要求全省各级党组织牢牢把握"学思想、强党性、重实践、建新功"的总要求，高标准高质量推进主题教育深入开展，用实干推动发展、取信于民。

以主题教育为契机，全省深入实施"领导干部进园区进企业服务振兴新突破"专项行动，聚焦推进政策落实、项目建设、问题化解和企业发展，用心用情用力为企业排忧解难。大连一家电动汽车锂离子电池生产企业因订单增加，急需一批工程师和现场作业员，相关部门通过多种方式，及时帮助招聘员工，有效缓解了生产压力。主题教育焕发出的干事创业热情，不断转化为全省广大党员干部迎难而上、逆势而进的磅礴力量，有力推动各项事业高质量发展。

办好辽宁的事情关键在党、关键在人。辽宁干部到底行不行，三年行动是"试金石"！一年来，辽宁省委把政治标准放在首位，落实新时代好干部标准，鲜明树立起重实干、重实绩、重担当的选人用人导向，激励干部担当作为，持续推进领导干部能上能下、能进能出，进一步激发比学赶超、争先进位的精气神。坚持严管厚爱，在三年行动首战之年，一批敢担当、善作为的优秀干部走上领导岗位，一批有执行力、能干成事的"实干家"崭露头角，一批懂得产业行情、会说产业行话的"行家里手"脱颖而出，争先进位、唯旗是夺成为广大党员干部的自觉追求。积极助企纾困、大力招商引资、破解历史遗留问题、解决群众急难愁盼……辽宁干部干事创业的精神状态发生重大转变！

一个地方要实现政通人和、安定有序，必须有良好政治生态。一年来，我们坚持以自我革命精神纵深推进全面从严治党、党风廉政建设和反腐败斗争，制定实施遏增清存"1+5+2"系列文件，零容忍高压惩腐，聚焦重点领域深挖彻查，一体推进不敢腐、不能腐、不想腐，严肃查处一批违纪违法案件，净化政治生态取得重要阶段性成果，有力引领保障了全面振兴新突破三年行动实现首战告捷。

曾几何时，营商环境是辽宁之痛，亦为辽宁之重。营商环境建设永远在路上。辽宁省委、省政府坚持把优化营商环境作为实施全面振兴新突破三年行动必须下好的先手棋和必须打好的关键仗，在2023年3月三年行动首战之初即专门召开全省优化营商环境建设大会，提出要聚焦解决经营主体关切的突出问题，加快打造营商环境"升级版"，助力保障辽宁实现全面振兴新突破，充分体现了坚决打好优化营商环境攻坚战的决心和意志。一年来，我们坚持把净化

大连市东港音乐喷泉广场

政治生态与优化营商环境结合起来，向破坏营商环境的人和事宣战，进一步优化政治生态，营造良好营商环境；统筹开展营商环境问题"万件清理"、万件"微腐败"大清扫、"万件化访"，坚决查处侵害人民群众和经营主体利益的腐败、责任和作风问题；实施"清风辽宁"行动，推动"办事不找关系、用权不图好处"成为常态。各地创新建立"政事快办"专席、深化"一件事一次办"、甘当服务人民群众和经营主体的"店小二"，为企业"松绑减负"、为创新除障、为公平护航。我们向制约振兴发展的体制机制弊端开刀，人民群众和经营主体的满意度双提高，辽宁营商环境发生重大转变！

择高而立，向上而行。一年来，全省各级干部奋勇拼搏，各方面积极性充分调动，辽宁大地呈现出苦干实干加油干的喜人景象：党员干部在敢为善为、担当作为中造福一方，企业家用一流的产品赢得市场认可，科研人员用潜心钻研摘取创新果实，工人师傅用卓越的劳动争做能工巧匠，广大农民用辛勤的汗水收获粮丰仓满……每个人都躬身入局、置身事内，向着三年行动首战告捷发力，以"一域之为"服务"全局之进"。

从严管党治党，激励党员干部牢记使命、勇于担当，不断激荡新气象、展现新作为。如今的辽宁，政通人和、上下同欲、干群同心，奋发进取的高昂旋律正在激情奏响、风清气正的崭新画卷正在徐徐展开。

提速起势
经济实力迈上新台阶

行走辽宁，全省经济社会发展暖意扑面、向上向好，忙碌的身影、火热的场景，传递活力，绽放精彩。全面振兴新突破三年行动首战之年，大干与奋斗成为辽宁人鲜明而又生动的写照。

2023年，辽宁振兴发展可圈可点、亮点纷呈，我们打了一个漂亮的翻身仗！突破性、转折性、历史性成绩的背后是一系列数字的支撑，而数字的背后，承载着辽宁人的期盼，饱含着辽宁人的奋斗，折射着辽宁人的志气、骨气和底气！

全面振兴其时已至、其势已成、其兴可待！

■ 经济增长提速起势、活力质效明显跃升

综合实力再上新台阶。全省地区生产总值达到3.02万亿元，这是继2014年突破2万亿元后，辽宁经济总量又一次实现突破，也是自2014年以来增速首次高于全国，辽宁经济运行低速徘徊的态势发生重大转变！

产业结构更加合理。首战之年，辽宁尽显"首要担当"，一产增速近年来首次超过全国，农林牧渔业总产值年度增速为2013年以来第二高位，粮食产量创历史新高。聚力打造现代化产业体系，工业"逆势上扬"，规模以上工业

增加值增长 5%，年度增速自 2020 年以来首次高于全国，先进装备制造、石化和精细化工、冶金新材料、优质特色消费品工业 4 个万亿级产业基地和 22 个重点产业集群加快发展。服务业强势复苏，消费快速回暖、市场持续活跃，社会消费品零售总额增速高于全国 1.6 个百分点，总量突破万亿元大关，迈入"万亿俱乐部"；文体旅深度融合、市场持续火爆，资源优势不断转化为产业优势、竞争优势，"山海有情 天辽地宁"叫响全国，全省全年接待游客人次和旅游总收入分别增长 1.4 倍和 1.7 倍，均创历史新高，这就是辽宁的热度！

新动能加快集聚，战略性新兴产业发展迅猛，新质生产力不断壮大。全省固定资产投资年度增速自 2013 年以来首次高于全国，其中高技术产业投资增长比全国高 22.5 个百分点。这一年，我们取得了一批重大科技创新成果，辽宁首颗卫星"大连 1 号"成功发射，集成电路装备和零部件系列产品实现重大突破，"国和一号"屏蔽电机主泵、"太行 110"重型燃气轮机、国内首台（套）150 万吨级乙烯"三机"、全新一代国产高端医用电子直线加速器等在辽宁问世，一批大国重器及重大技术、产品取得突破。2023 年全省新纳入的规模以上工业、限额以上批零住餐业、规上服务业等"四上"企业 3924 家，企业数量的提升为经济持续增长注入了强劲动力。全省新增注册科技型中小企业同比增长 55.6%，总数达到 33484 家，新增"雏鹰""瞪羚"企业超千家，十月稻田、微控飞轮经第三方机构评审认定为"独角兽"企业，全省"独角兽"企业从无到有、实现零的突破。当前，辽宁省科技型中小企业已经积厚成势，科教资源优势转化为振兴发展胜势的现实图景跃然而出，令人欣喜。

首战之年，我们是这样走过来的：全省经济运行一季度"开门红"，上半年稳中有进，前三季度持续向好，全年实现了量质齐升，连续 4 个季度增速高于全国，经济发展取得了多方面积极变化。

如今的辽宁，经济更有韧性、更富活力、更具创造力，我们正朝着高质量发展、可持续振兴笃定前行。

■ 外界预期持续向好、资源要素涌动集聚

好的营商环境就是生产力，就是影响力，就是竞争力。

一年来，人流、物流、资金流"三流"向辽，活跃度明显提升，"山海关不住、投资到辽宁"正在加快成为新的社会共识，外界对辽宁的预期发生重大转变！资金流向辽宁、人才集聚辽宁也就顺理成章了。

这一年，全省实际新增贷款超 3000 亿元，国有大行新增贷款增量和增速均创近年新高；央企外企民企纷纷看好辽宁，加速布局辽宁，一大批新项目、大项目、好项目签约落地，徐大堡核电 1 号机组等一批超百亿元项目开工建设；引进海内外优秀博士和高级职称人才 4387 名，同比增长 77%，40.1 万名高校毕业生留辽来辽创新创业，同比增长 20.8%，超千名"双一流"高校选调生选择辽宁，清华、北大毕业生来辽就业人数创历史新高，越来越多的优秀人才"孔雀向北飞"，扭转了多年人才外流的不利局面。

如今的辽宁，发展环境好了、人气旺了、热度高了，正在呈现一派活力满满、热气腾腾的生动景象。

上／　葫芦岛徐大堡核电站施工现场

下／　中国中车风机电气控制装备制造项目开工建设

政通人和
民生福祉收获新指数

外墙粉刷了，保温层做了，加装的电梯投入使用了，看着改造后的小区焕然一新，沈阳市和平区华地城市花园小区的居民心里格外敞亮。2023年辽宁省扎实推进城市更新行动，全省共改造老旧小区1428个，规模居全国首位，这件民生实事居民看得见、摸得着、感受得到。

这一年，辽宁省坚持把让老百姓过上好日子作为一切工作的出发点和落脚点，把增进民生福祉贯穿主题教育全过程，省委、省政府出台了《关于在辽宁全面振兴新突破三年行动中进一步保障和改善民生的实施意见》，一批暖民心、解民忧、惠民生的实事好事办到了群众心坎上，居民收入增长与经济增长保持同步，就业形势总体稳定，养老金按时足额发放，再次提高城乡低保标准，持续扩大社会保险覆盖范围，做好冬季保暖保供，文化体育事业繁荣发展，生态环境质量得到巩固提升。美丽辽宁底色更加亮丽，真正把好事办实、把实事办好，人民群众获得感、幸福感、安全感不断增强，三年行动顺民心、暖民心、聚民心。

昂扬向上，迎着朝阳。时间的年轮上，刻写下国家社会发展进步的宏大叙事，也记录着普通人平凡日常的细碎温暖。瞧，这一张张的笑脸：吃着幸福营养餐，孩子们笑了；出行更便捷，上班族笑了；老小区换"新颜"，居民们笑了；晚年生活有保障，老人家笑了……如今的辽宁，百姓的生活环境更好了、脸上笑容更多了，对家乡的热爱之情与日俱增，越来越多的美好生活期待正在变为现实。

■ 义务教育优质均衡发展：解决"城镇挤"，打造精品课

教育，牵动着社情民心。辽宁实施全面振兴新突破三年行动的首战之年，一项项数据，一个个亮点，不断积累成辽宁省义务教育迈向优质均衡的阶梯。教育兴则国家兴，教育强则国家强。辽宁省教育事业锚定"高质量发展"目标，不断推进义务教育优质均衡发展。

加强顶层设计，绘好优质均衡"施工图"。过去一年，辽宁省教育厅将义务教育优质均衡发展作为基本公共教育服务的重要内容，列入《辽宁全面振兴新突破三年行动方案（2023—2025年）》重点任务；制定全省县域义务教育优质均衡发展省级验收规划，提出到2025年全省50%的县（市）区完成省级评估验收的工作目标；印发《义务教育优质均衡发展县（市）区督导评估实施办法》，为规划有效落实提供保障。

统筹规划，推进义务教育扩优提质。过去一年，辽宁省新建公办义务教育学校32所，改扩建学校55所，新增公办学位5.4万个，有效缓解了"城镇挤"的问题；大力推进集团化办学改革，优质教育资源总量和覆盖面不断扩大。截至2023年末，全省组建825个教育集团，覆盖率达98.2%，最大限度满足人民群众对优质教育资源的需求。

多措并举，提升教育教学质量。实施初中学业水平考试全省统一命题，稳步推进中考改革平稳落地；依托教育平台研修项目，培训教师74.72万人次，占专任教师总量的86%；持续开展省市县级骨干教师培训和全体教师岗位"大练兵"活动。过去一年，辽宁省获评教育部"基础教育精品课"289节，获评

数量位列全国第二。

弘扬教育家精神，建设高素质教师队伍。全面加强教师思想政治素质和师德师风建设，将教育家精神融入教师培养培训课程，引导广大教师树立"躬耕教坛、强国有我"的志向和抱负。组织开展基础教育教师校长省级培训项目70个，培训人数超过2.6万人次；推动优秀校长和骨干教师向乡村学校、薄弱学校有序流动，交流优秀校长847人、骨干教师10564人。在优质均衡的探索中，辽宁省教师队伍更强，人民群众更满意。

持续发力，"双减"工作稳妥有序推进。过去一年，辽宁省出台《辽宁省义务教育课程实施办法（试行）》，着力提高课堂教育教学质量；在教育"双减"

中做好科学教育加法，丰富课后服务内容；加强作业管理与设计，遴选一批作业设计典型案例，发挥示范引领作用；对校外培训机构严格审批、严格管理，实现预收费监管全覆盖。

■ 厚植新就业形态土壤：新空间"长"起来，新岗位"冒"出来

打开"辽事通"APP，查询离你最近的新就业形态劳动者服务站点，便可以前往站点为手机充充电，也为自己"充充电"。目前，全省已经有88个精品服务站点加载到"辽事通"APP，方便新就业形态劳动者指尖查询。

这88个站点仅是全省新就业形态劳动者服务站点的一小部分。2023年，省人力资源和社会保障厅、省总工会等部门联合开展新就业形态劳动者温暖服务季活动，不断健全完善新就业形态劳动者服务站点建设。目前全省已建成服务站点4369个，能够就近为新就业形态劳动者提供休息、饮水、热饭、手机充电等便捷服务。

2023年，辽宁省聚焦聚力全面振兴新突破三年行动，厚植新就业形态的土壤，促使发展新空间"长"起来，就业新岗位"冒"出来。

从年初到年末，一波又一波惠企稳岗政策投向新业态，对高校毕业生、就业困难人员等重点群体从事个体经营的给予政策支持，鼓励发展直播经济等新就业形态，特别是省人社厅联合省交通厅、省市场监管局、省总工会等13个部门印发了《关于深入学习贯彻党的二十大精神 加强新就业形态劳动者权益保障的实施意见》，将加强新就业形态劳动者权益保障作为"小切口"，积极打造友好型就业创业新生态，为高质量充分就业助力赋能。

全省人社部门与各相关部门协同联动，推进实施"5566"工程，开展规范用工指引、权益保障制度优化、劳动安全保障、暖心服务、矛盾纠纷化解五大

专项行动，优化就业创业指导、社会保险保障、职业技能提升、正向激励关爱、公共设施联动、智慧平台网络六大权益保障服务。加强对平台企业的劳动用工指导，编制发布《劳动用工规范指引》《构建和谐劳动关系指引》，全年累计指导签订 4440 份新就业形态劳动合同、6348 份书面协议。

大力开展新就业形态从业人员职业技能培训，全年累计培训新就业形态劳动者 1.68 万人次；加强就业指导，全年累计召开专场招聘会 413 场，提供用工对接服务 7.46 万人次。在推动"舒心就业"进基层的过程中，拓展优化就业服务站点基础功能，推动在新就业形态劳动者集中居住区、商业区建立服务站点，健全"一站式"服务制度，让新业态供需更匹配、就业结构更优化。

政策给得足，招聘不断线，培训跟得上，服务更及时，多措并举让辽宁省新就业形态呈现良好发展态势，特别是网络零售已成为全省消费市场保持增长的主动力。2023 年，全省实物商品网上零售额达到 2323.3 亿元，同比增长 8.8%，高于全国 0.4 个百分点，对社会消费品零售总额的贡献率为 22.4%。通过打造电商直播场景，促进消费提振，据全省商务系统监测，2023 年全省省级、市级电商直播基地 265 个，培育本地电商主播 4 万余人，直接带动就业 12 万人，电商直播销售额超过 500 亿元。

■ 巩固脱贫攻坚成果：产业兴，庭院火，村民富

2023 年，辽宁省脱贫攻坚成果得到有效巩固拓展，脱贫人口人均纯收入同比增长 15.3%，已连续三年高于全省农村居民人均可支配收入增速，牢牢守住了不发生规模性返贫的底线。

这一年来，全省乡村振兴系统部门牢牢锚定主责主业，压实责任，强化五级书记抓乡村振兴，持续推进巩固拓展脱贫攻坚成果同乡村振兴有效衔接；针

对财政资金拨付使用、小额信贷发放、脱贫劳动力务工就业等工作，以周比对、月调度、季通报等方式及时跟踪推进，确保工作任务按要求按步骤按节点圆满完成。

巩固脱贫攻坚成果和实现乡村振兴，关键在于产业振兴。2023 年，辽宁省大力推进产业帮扶，全省实施产业帮扶项目 3898 个、投资 32 亿元，其中中央和省财政衔接推进乡村振兴补助资金 66.4% 用于支持产业发展；积极引导发展"庭院经济"，认定 34 个村为高质量发展庭院经济示范村庄。与此同时，积极开展科技帮扶，成立 36 个产业顾问组，发挥 55 家省内高校组成的辽宁省乡村振兴高校联盟力量，为乡村产业振兴发展集智聚力。

在就业帮扶方面，全省脱贫人口务工 18.8 万人，比上年增长 17.8%；安置公益性岗位 4.9 万个。动员社会帮扶，10126 名驻村第一书记和驻村工作队员驻村帮扶，各级驻村和定点帮扶单位共投入帮扶资金 7.3 亿元，发展产业项目 446 个，直接购买消费帮扶产品 2500 万元，帮助销售帮扶产品 4400 万元。

防返贫、强帮扶，脱贫基础更加稳固。辽宁省以县级为主体责任单位，建立和完善监测对象动态识别机制，对脱贫不稳定户、边缘易致贫户等群体进行动态监测，在饮水安全、危房改造、控辍保学等方面的问题保持动态清零。2023 年，全省组织开展两次防返贫监测帮扶集中排查，坚持因户施策，做到早发现、早纳入、早帮扶、早脱困。

为进一步做好乡村建设等工作，辽宁省组织编制 2023 年度省级乡村建设任务清单，完成乡村建设数据采集工作，共采集 1.1 万个行政村和 444.7 万户农户的基础数据，全省采集覆盖率达到 100%。

上／ 辽宁省锦州市义县七里河镇七里河村曾是省级贫困村，通过实施花卉种植、牛羊养殖和果树栽植等产业项目实现了脱贫，致富道路越走越宽广

下／ 辽宁省铁岭市银州区顾官屯培植的灵芝品质好、个头大，得到韩国客商的青睐

■ 打造夜经济品牌：掘金新"夜"态，拉动"购物车"

2023年全省消费加速恢复，为拉动经济增长交出了一份亮眼的成绩单。2023年，全省社会消费品零售总额实现10362.1亿元，同比增长8.8%，增速高于全国1.6个百分点，总量突破万亿元大关，迈入"万亿俱乐部"。其中，包含食、游、购、娱、体、展、演等在内的多元化夜经济提供了重要动力。

商务部城市居民消费习惯调查报告显示，我国60%的居民消费发生在夜间，大型购物中心每天18时至22时消费额占比超过全天的1/2。夜经济的繁荣程度，已经成为一个地区、一座城市经济开放度、便利度和活跃度的晴雨表。近年来，辽宁省高度重视夜经济发展，相继出台一系列鼓励引导夜经济发展的政策措施，推动夜经济加快发展。2023年，辽宁省着力从3个方面促进夜经济消费。

以政策为支撑，打造夜经济品牌。2023年出台的《辽宁省进一步稳经济若干政策举措》中明确提出，对评定为省级夜经济示范街区、积极打造新消费场景的街区，给予30万元以上资金支持。省商务厅会同公安、交通、文旅、体育等9个部门共同评审认定了沈阳中街步行街、大连青泥洼天津街、丹东老街等20条街区为省级夜经济示范街区，打造夜经济"品牌IP"，更好地发挥示范引领带动作用。

以融合为重点，丰富夜经济业态。夜经济不仅是"味觉经济"，更是依托深厚文化底蕴，让人产生精神共鸣的"心灵经济"。2023年，辽宁省指导各地从实际出发，因地制宜、创新发展，推进商旅文体深度融合，赋予夜经济发展更多文化内涵和时代元素，丰富夜游、夜购、夜食、夜娱、夜展、夜健等消费业态，激发消费新活力。比如"最质感"的老街——沈阳中街、"最沈阳"的街区——沈阳老北市、主打"室内小吃街+超市+文创街区"的大连倍客优

市集、以老安东文化为基底的丹东老街等，街区业态丰富、特色突出，给消费者夜间消费带来了更多美好新体验。

以放心为抓手，优化夜经济发展环境。围绕"做活""做优""做久"三个着力点，辽宁省积极鼓励引导重点夜经济街区开展"放心消费在辽宁"活动，鼓励入驻企业签订"放心消费在辽宁"承诺书，共同守护城市烟火气，不断提升辽宁省夜经济品牌价值，打造辽宁消费长久竞争力。

■ 嵌入式养老：社区建"托老所"，家庭做适老化改造

截至2023年底，全省城乡社区养老服务设施发展到12740个，覆盖率分别达到100%和64.8%，社区养老床位4.74万张，更好地满足群众居家和社区养老服务需求，让老人在家门口乐享养老服务。

推进居家和社区养老服务，辽宁省实施居家和社区基本养老服务提升行动，省民政厅指导各地依托和整合现有资源，发展街道（乡镇）区域养老服务中心或为老服务综合体，在社区层面建设嵌入式养老服务机构，为老年人提供全托、日托、居家上门等服务。围绕做好2023年街道层面养老服务综合体规划建设工作，省民政厅下发通知，明确建设工作流程、进度安排，并推动将综合体建设工作纳入省委、省政府对市委、市政府工作考核。全省2023年新增街道层面养老服务综合体76所，全省街道层面养老服务综合体覆盖率达到67%。省补助资金7300万元，支持各地城乡社区及养老服务设施建设。为全面提升特困老年人的居家养老质量，省民政厅会同省财政厅、省住房和城乡建设厅、省残疾人联合会印发《辽宁省2023年度特殊困难老年人家庭适老化改造工作实施方案》，全省安排资金3000万元，补助各地实施1.5万户特殊困难老年人家庭实施适老化改造，按照"一户一策"设计方案，增加家庭适老化设

施设备，达到室内行走便利、如厕洗澡安全、厨房操作方便、居家环境改善等目标；沟通推动本溪市、丹东市获批民政部、财政部2023年度国家居家和社区基本养老服务提升行动项目地区，获得国家专项资金支持2877万元。

做好基本养老服务工作，2023年，辽宁省印发推进基本养老服务体系建设实施方案及基本养老服务清单；全省城市特困人员基本生活月平均标准由每人每月1176元提高到1280元，提高8.9%；农村特困人员基本生活月平均标准由每人每月771元提高到837元，提高8.6%，特困人员基本生活标准均达到当地低保标准1.3倍以上。20世纪60年代精简退职职工生活补助标准每人每月分别达到706元、661元、612元、565元，提高幅度为7.5%。省民政厅会同省发展改革委积极争取2023年中央预算内投资养老服务项目13个，获得国家资金2.74亿元。实施特困人员供养服务设施（敬老院）维修改造工程。省财政按照每所机构补助30万元的标准支持各地100所特困人员供养服务设施维修改造。省民政厅会同省财政厅下拨资金3600万元，支持新宾满族自治县、清原满族自治县等9个革命老区的特困供养服务机构改造提升。省民政厅会同省委政法委、省精神文明办等9部门制定下发特殊困难老年人探访关爱服务实施方案，推动各地开展关爱服务工作。落实高龄津贴、经济困难失能老年人护理补贴等三项补贴政策，省下拨补助资金3188万元，28.7万人享受到三项补贴政策。

■ **基层医疗服务提档升级：名医远程会诊，医院离家更近**

为进一步方便群众就近、便利获得基本医疗和卫生健康服务，辽宁省积极推动基层医疗卫生服务体系建设，着力推进紧密型县域医共体建设和城市医疗集团建设，持续提升基层医疗卫生服务能力。截至2023年底，全省累计建强

418个乡镇卫生院和8021所村卫生室，69%的社区卫生服务中心和乡镇卫生院达到服务能力基本标准以上。

基层卫生院、卫生服务中心是离老百姓最近的医疗机构，被人们称为"家门口的医院"。把优质医疗资源送到群众身边，需加强农村和社区基层医疗卫生体系基础建设。一直以来，辽宁省积极落实国家要求，围绕"保基本、强基层、建机制"持续发力。实施卫生健康"强基行动"，集聚更多资源，倾斜更多政策，建设高标准基层医疗卫生机构，为百姓提供高质量基本医疗卫生服务。

着力解决群众就医的急难愁盼问题，要紧盯医疗资源流动堵点。自2019年起，辽宁省积极响应国家政策要求，启动紧密型医共体建设，先后确定了瓦房店市、彰武县、本溪满族自治县、康平县等18个试点县（市）。目前，全省已有28个县加入全面推进县域医共体的队伍中来。各个试点县积极探索，派专家定期到乡镇医院坐诊，建立远程会诊平台，将优质的医疗资源服务送到老百姓的家门口，并在提高县域整体服务能力、改善群众就医体验、完善管理体制和运行机制等方面，取得了积极的进展和成效，也涌现出了一批先进典型，积累了相对成熟的经验。

让优质医疗资源离百姓更近些，还要推动紧密型城市医疗集团建设。在盘锦市、阜新市入选国家紧密型城市医疗集团建设试点城市后，辽宁省随即制定印发《辽宁省紧密型城市医疗集团建设试点工作方案》，积极推动辽宁省紧密型城市医疗集团建设试点工作，并将此项工作融入推动辽宁全面振兴新突破三年行动大局。另外，省卫生健康委制定《辽宁省紧密型城市医疗集团试点建设监测评估指标体系》，月调度推动市、区落实主体责任，明确组织构架、时间表、路线图和预期成效。按月制定工作简报印发至试点市政府，研究制定46项任务台账，销号式推动，清单化、项目化、工程化推进紧密型城市医疗集团试点城市任务落实。如今，阜新市和盘锦市多部门联动，形成合力，积极推动紧密型城市医疗集团建设发展的体制机制取得新突破。

■ 老旧小区改造："金"手指按下项目建设"加速键"

老旧小区改造是提升群众获得感的重要工作，也是实施城市更新行动的重要内容。2023 年，辽宁省聚焦为民、便民、安民，创新实施"1358 工作法"，扎实推进老旧小区改造工作，共开工改造老旧小区 1428 个，惠及居民 71.4 万户，累计完成投资 184.2 亿元，改造规模居全国首位。

汇总历年数据来看，辽宁省老旧小区改造数量亦居全国前列。2019 年至2022 年，辽宁省累计改造老旧小区 3802 个、建筑面积 1.15 亿平方米，惠及165.5 万户居民。

在小区改造过程中，辽宁省内外兼修、老幼兼顾。2023 年共拆除违建 27万平方米，改造小区内各类管网 3152 公里、道路 574 万平方米，实施建筑节能改造 2079 万平方米，新增文化休闲、体育健身场地及公共绿地 40.5 万平方米，加装电梯 116 部，新增停车位（库）16117 个、充电桩 765 个，实施适老化、无障碍改造 188 个小区，新增养老、托育、医疗、助餐等社区服务设施 140 个。

在资金保障方面，2023 年，辽宁省积极争取中央财政老旧小区改造补助资金 45.7 亿元，用"金"手指按下项目建设"加速键"。各市则有效落实主体责任，强化项目动态监控，提高资金使用效率。同时，进一步规范施工合同约定，为资金拨付进度与项目实施进度相匹配创造条件。

在狠抓工程进度方面，辽宁省指导各地积极谋划项目，加快前期准备工作，把重要时间节点细化到每个月，逐个项目倒排工期，全力推动改造项目尽早开工、尽早完工，让老百姓早日享受宜居生活。

此外，辽宁省还创新工作方法，力求群众满意。"我们以'1358 工作法'

宜居宜业的美丽新鞍山。图为千山中路沿线一景

为指导，以提升群众的幸福感和满意度为出发点和落脚点，通过多种方式广泛收集群众意见，开展老旧小区改造'党员下沉小区'工作创新试点，接受群众投诉和意见建议，有效解决人民群众急难愁盼问题。"省住房和城乡建设厅相关负责人表示。

下一步，省住房和城乡建设厅将围绕推动项目建设、加强质量安全监管、提高群众满意度、开展调查研究等老旧小区改造工作重点，从群众需要出发，狠抓工作落实，提升改造成效，确保老旧小区改造真正"改"到群众心坎上。

■ 基础设施建设：畅通大动脉，完善微循环

一路通，百业兴。交通运输是国民经济中具有基础性、先导性、战略性的产业，也是服务人民美好生活、促进共同富裕的坚实保障。2023 年以来，辽宁高度重视交通基础设施建设，以重大项目为抓手，路网骨架持续拓展，交通枢纽日益完善，百姓出行愈加便利，物流运转更加顺畅。四通八达的综合交通网络，不仅缩短了辽宁与世界的距离，也提升了辽宁人的生活质量。

畅通大动脉。在高速公路方面，2023 年，辽宁省共实施高速公路项目建设 9 条、总里程 805 公里。其中，4 条高速新开工，3 条超百亿元高速加快推进，2 条高速建成通车。截至目前，全省高速公路通车里程已达 4409 公里。在铁路建设方面，沈白高铁项目持续加快推进。截至目前，全省高铁里程已达2214 公里。

完善微循环。2023 年，辽宁省共实施普通国省道建设改造工程 1283.9 公里，超额完成计划 7%；八盘岭隧道、柳河大桥等工程全部完成建设；共建设改造农村公路 5643 公里，完成计划的 121.7%。沈阳地铁 2 号线南延线、4 号线一期工程以及大连地铁 5 号线相继投入运营，两地百姓出行更加便利。推

动农村客货邮融合发展，新建县、乡、村快递物流节点分别为 15 个、146 个、2654 个。

拓宽"大通道"。全力保通保畅，2023 年，辽宁省共完成粮食中转 4650 万吨，同比增长 6%，占东北三省粮食总产量 40%。经辽宁省港口上水的外贸原油 9700 万吨、铁矿石 8900 万吨，分别占同期东北地区原材料消费量的 54% 和 56% 左右。全省机场旅客吞吐量 3800 万人、货邮吞吐量 34.6 万吨，同比分别增长 130% 和 35%；高速公路出口流量日均 78 万台次，同比增长 48.4%；集装箱海铁联运量突破 150 万标箱，占比 12.2%，继续保持全国第一。新增集装箱航线 8 条，建成陆港型服务节点 28 个。2023 年 1—11 月，辽宁省完成港口货物吞吐量 6.83 亿吨；集装箱吞吐量 1173 万标箱，同比增长 11%，增速位居全国沿海省份前列。

从沿海到腹地，从城市到村庄，越来越通畅的道路带着更多车流、物流、人流驶向幸福、驶向远方。

■ "交邮一体"：客货邮融合发展，打通"最后一公里"

打通快递进村的"最后一公里"一直是交通运输工作的重点、难点所在。近年来，辽宁省坚持资源共享、客货兼顾、运邮结合、融合发展，推进县、乡、村三级物流网络节点体系和农村寄递物流体系建设，取得积极成效。

截至目前，全省已建成 2815 个客货邮站点，开通客货邮线路 69 条，覆盖 7 个县级客运站、66 个乡镇运输服务站、563 个建制村服务点，日均带货 12 万件，惠及城乡居民 258 万人。并通过鼓励各地农村客运站开展小件快运、中转换乘、商贸服务等方面综合服务，推动城乡交通运输一体化发展。其中，盘锦市盘山县客货邮融合发展典型案例被交通运输部作为典型案例予以推广。

沈阳北李官互通连接着沈阳绕城高速公路和京哈高速，是承载北京至哈尔滨、沈阳至吉林、
丹东至阜新、沈阳至海口四条高速公路的交通枢纽

推动快递进村，辽宁省将客货邮融合发展作为重点突破环节。先后出台了《辽宁省加快推进"四好农村路"高质量发展试点实施方案》《关于推动农村客运高质量发展的实施方案》《辽宁省农村客运补贴和城市交通发展奖励项目及资金管理办法》等文件，通过政策引导、资金扶持等方式培育创新运营服务模式的农村物流服务品牌企业，提升全省城乡物流双向服务水平，推进农村物流配送网络体系建设。

推动快递进村，辽宁省以试点示范经验推广作为重要抓手。目前，盘山县、喀喇沁左翼蒙古族自治县、大洼区、北镇市、弓长岭区、新民市、新宾满族自治县等7个县区已经获批或正在创建国家级或省级示范县，另有于洪区、沈北新区等正在申报第二批省级示范县。辽宁省还积极组织法库、北镇、大洼等典型地区创建农村物流服务品牌，培育"交邮融合＋供销配送＋特色农业""公交＋邮政＋电商三网融合助力乡村振兴""交邮携手同网 助力鱼梁通达"等创新模式，鼓励各地开展经验交流、学习互鉴。辽宁省以农村客运班车为载体，建立辐射乡镇、直达村屯的农村物流体系，加强交通运输与供销、邮政等部门合作，打通农产品出村进城、消费品下乡进村的关键环节。

接下来，辽宁省将进一步实施交通运输支撑服务乡村振兴战略，巩固提升乡镇、行政村、自然村道路通畅水平。深入开展农村物流服务品牌示范创建，在方便农村群众出行的同时兼顾实现农产品进城和邮件快件下乡，增强农村客货邮可持续发展能力。

■ 综合窗口改革：办事不找关系，一件事一次办

2023年，辽宁省营商环境发生重大转变，国家统计局辽宁调查总队调研结果显示，企业对服务市场主体、政务服务方面满意率分别达到91.6%、

浑南会客厅

90.1%，数字政府建设取得阶段性成效。

　　这一年来，全省营商系统锐意改革攻坚，激活发展动能。深化简政放权，加强政务服务事项清单化管理，编制便民服务事项指导目录156项。开展两批次"办事不找关系"改革，共核定全省高频热点权力事项52.4万项，容缺事项12.8万项，核定违规办事15.3万项，违规禁办情形32.2万种。持续推动"一件事一次办"改革，完成全省35个"一件事"统一标准建设并上线运行，两项改革均作为典型经验在全国推广。

强力推进"综合窗口"改革，省政务服务中心服务窗口压减 50%。深化"免申即享"改革，累计推出"免申即享"政策 924 条，惠及企业 680 万家次。深化"一网通办"改革。一体化政务服务平台提供 12 万项依申请政务服务，实名注册用户 5300 余万。"辽事通"APP 提供 3384 项服务，月活 220 多万，被北京大学评为用户体验最好的 6 个省级平台之一。

启动探索"一网通办""一网统管""一网协同"三网融合，推动涉企、涉民、涉公务人员审批、服务、管理、监督全闭环。创新信用体系建设，全国信用融资平台省级节点建设取得新突破，助力企业融资 1351.75 亿元，省信用信息共享平台归集共享数据 3422 万条。

开展营商环境问题"万件清理"专项行动，已解决问题 16918 个，清偿各类账款 235.21 亿元。全面清理影响振兴发展做法，梳理 20 个方面问题 16170 件，清理整改 13475 件，立改废文件 293 个。

为加强数字政府建设，辽宁省不断提升基础设施建设水平。完成省政府数据中心双节点部署，启动一体化政务云管理平台建设，省级系统上"云"率 86%。启动 934 条专线整合，整合率占专线总数 80%，网络"孤岛"逐步打破。启动数字基座项目建设，"集中打造数字底座，一体赋能政府治理"成果获中国信息协会颁发的"2022—2023 数字城市卓越贡献奖"。

■ 打好防治污染攻坚战：绿色成为高质量发展鲜明底色

环境就是民生，青山就是美丽，蓝天也是幸福。2023 年，辽宁省生态环境部门坚持精准治污、科学治污、依法治污，持续深入打好污染防治攻坚战，全省生态环境质量不断巩固提升。

蓝天保卫战是攻坚战的重中之重。辽宁省精准应对重污染天气，将 1.2 万家企业纳入重污染天气应对清单实施差异化管控，累计完成农村清洁取暖改造 39.7 万户，燃煤锅炉超低排放改造 18825 蒸吨。开展 200 余家重点企业温室气体排放核查，指导 81 家发电企业参与全国碳市场交易。强化移动源监管，整治超标车辆 1217 辆，新增非道路移动机械登记 16875 台。2023 年，全省 PM2.5 平均浓度为 32.4 微克/立方米，重污染天数比率为 0.3%。

促进"人水和谐"，辽宁省深入打好碧水保卫战。坚持陆海统筹，河海联动，进一步深化辽河、渤海综合治理，推进入河入海排污口规范化整治，累计排查、整治入河入海排污口近 2 万个。实施入海河流总氮治理，纳入省政府 2023 年重点工作任务的 8 条国控入海河流总氮浓度较 2022 年同期大幅下降。全省 150 个国考断面中优良水质比例为 86%，持续保持劣 V 类水质断面清零状态。持续开展水源地规范化建设，86 个县级及以上在用集中式饮用水水源水质全部达标，大伙房水库入选国家美丽河湖优秀案例。

净土保卫战重在强化污染风险管控。辽宁省有效管控耕地和建设用地土壤污染风险，完成 228 个重点建设用地污染状况调查和 43 个地块污染管控。推进农村环境整治，完成 471 个村环境整治，农村生活污水治理率达到 33.9%。沈阳、大连、盘锦国家"无废城市"12 个重点项目已建成 7 个。

强化生态文明建设示范引领作用，2023 年，辽宁省新晋获得一批"国字号"：本溪市、沈阳沈北新区、大连庄河市获得国家生态文明建设示范区命名，铁岭西丰县获得国家"绿水青山就是金山银山"实践创新基地命名。绿色发展的步伐更加坚定。

坚持锻长板补短板，推动传统行业绿色转型。辽宁省全力推进钢铁行业超低排放改造，全省重点钢铁企业累计完成 656 个重点工程，鞍钢股份有限公司鲅鱼圈钢铁分公司、抚顺特殊钢股份有限公司率先实现超低排放。2023 年以来，辽宁省推进实施 840 个挥发性有机物治理项目，挥发性有机物削减量达 2.3 万吨。

美丽乡村、美丽城市、美丽河湖、美丽海湾，绘就了人与自然和谐共生的美丽辽宁新画卷，让人民群众实实在在感受到全面振兴新突破的新成效。

■ 文化惠民工程：文化进万家，共享好生活

《姐妹易嫁》《穆桂英挂帅》等免费大戏在沈阳市青年宫一场接着一场，省级艺术院团的新春公益惠民演出、慰问演出送艺上门，专题片《辽西走廊》每天在"辽宁文化云"上两集连播……2024 年 1 月，全省文化惠民活动红红火火、热热闹闹。

开年就捧出惠民文化大餐，源自辽宁省对文化民生工程的高度重视。2023 年，辽宁省持续丰富拓展群众文化活动，从"送"文化到"种"文化、"兴"文化，不断提高群众文化活动的覆盖面、示范性、参与度，切实提升群众的文化获得感、幸福感。

围绕不同主题，群众文化活动形式各有特色，异彩纷呈。在元旦、春节等重要节庆日，辽宁省积极组织开展全省优秀群众文化作品展演、广场舞展演、合唱展演、群星奖作品巡演等省级示范性群众文化活动。鼓励引导具备条件的乡村举办"村晚"，融合乡音乡语、日常生活、节日习俗、民间文艺，树立乡村文明新风尚。各级文化馆站创作一批反映时代风貌、易于传播推广的广场舞作品。据统计，2023 年，全省各级公共文化服务机构组织开展的群众文化活动达 1000 多场次，有效提升了公共文化服务供给，提升了服务效能。

盘锦大洼区举办的盘锦市第四届秧歌节上，百姓欢快地跳起丰收舞

2023年，辽宁省第十二届艺术节以一系列丰富多彩的群众文化活动，生动展示了新时代全省群众文艺繁荣发展的最新成果。从6月至10月，各地纷纷举办音乐、舞蹈、戏剧、曲艺等群众文化展演和非遗展示、旅游歌曲演唱、美术展览等活动。

大力推动中华优秀传统文化与公共文化服务融合发展。在"弘扬长城文化 促进全面振兴"辽宁省民间文化艺术之乡展览展示活动中，来自全省2021—2023年度命名的7个"中国民间文化艺术之乡"和24个"辽宁省民间文化艺术之乡"的代表性项目精彩亮相。高跷秧歌、鼓乐、农民画……全省200位民间文化艺术工作者"盛装"出场，规模空前。

辽宁省积极开展戏曲进乡村活动，通过"政府购买公共文化服务"方式，为群众提供"按需点单"公共文化服务。2023年，全省各地共组织开展戏曲进乡村208场，基层公共文化服务水平大幅提升。

■ 建设"书香辽宁"：完善阅读空间，体验新质阅读

以年文献外借量、读者满意率等方面的优异成绩获评"国家一级图书馆"；与省残联、辽宁少年儿童出版社、沈阳市盲校共同发起的辽宁省明盲文对照少儿读物制作工程正式启动；面向全省3—12岁少年儿童读者征集少儿讲故事作品……2023年省图书馆推动群众阅读的不懈努力，成为一年来辽宁省"书香辽宁"建设的亮点之一。

2023年，辽宁省大力推动群众阅读，全民阅读、全民参与、全民共享取得丰硕成果，为"书香辽宁"和文化强省的全面构建营造了良好文化氛围。

积极拓展城乡群众高质量阅读空间，公共阅读设施更加完善。一年来，辽宁省优化图书馆、社区书屋、阅读室的藏书结构，增加图书供给，完善开放性

阅读长廊、阅读角、农家书屋等阅读场所。各地在都市商圈、文化园区等区域，加速打造融图书阅读、艺术展览、文化沙龙、轻食餐饮等服务于一体的"城市书房""文化驿站"等新型文化业态。据了解，2023年，沈阳市已有城市书房28座、书屋180座，仅时代文仓城市书房一年就接待读者26万人次。

公共阅读服务方式持续创新。辽宁省全面加强公共图书馆阅读推广工作，大力推进数字阅读，建设全省智慧图书馆体系和公共文化云，扩大全民阅读覆盖面。2023年4月，省图书馆"酷雅——智慧阅读空间"正式开放，利用VR、AR等数字技术，数字书画台、数字阅读墙、有声听书墙等体验项目以阅读服务方式的创新突破，为读者提供了全新阅读感受。

群众阅读活动丰富多彩。省第十二届全民读书节期间，100种推荐阅读书目、"辽宁好书"季度榜单，让读者于浩瀚书海中遨游，尽享读书的美好。"书香辽宁·希望之星"图书室捐建活动，向全省14市的农村小学捐赠优秀儿童读物，充分满足乡村小读者的阅读需求。惠民书展、漂流书屋、漂流市集等活动，让读者享受家门口的阅读盛宴。

充分发挥各级公共图书馆、文化馆等弘扬社会主义核心价值观主阵地的作用，"传诵红色经典 品读辽宁文化"全省公共图书馆阅读推广、公共图书馆服务宣传周和城市书房阅读推广等系列活动深入开展。其中，"传诵红色经典 品读辽宁文化"活动充分挖掘红色资源优势，进一步阐释辽宁"六地"红色文化的丰富内涵和时代价值，全省近20万读者参与到各项活动当中。

■ **冰雪旅游："十五冬"吹劲风，辽宁的冬"热"起来**

千里冰封，万里雪飘。东北的"冬"分外妖娆。这个雪季，是辽宁省成功申办2028年第十五届全国冬季运动会后的第一个雪季。借"十五冬"东风，辽宁省冰雪运动"热"起来了！

这是辽宁省首次获得冬运会承办权，辽宁将成为首个既举办了全运会，又将举办冬运会的省份。

在辽阳弓长岭温泉滑雪场，第九届辽宁弓长岭滑雪邀请赛吸引了来自全国各地的滑雪爱好者参加；在沈阳市沈北新区稻梦小镇，一场稻田冰雪运动会正如火如荼地进行着；在沈阳东北亚国际滑雪场，辽宁省青少年高山滑雪锦标赛、辽宁省第二届大众滑雪挑战赛等赛事规模连创新纪录……

"这个雪季，我们以筹办'十五冬'为契机，广泛开展群众性冰雪赛事活动。"省体育局群体处处长王海泉说。

辽沈大地冰雪"热"，冰雪运动从业者感受得最真切。沈阳东北亚国际滑雪场"翻新"亮相，游客大厅、雪道雪场、造雪设备、雪板雪具等焕然一新，成为兼具国际范儿和高颜值的网红打卡地。

省体育局产业处副处长李志刚说，目前辽宁省拥有滑雪场 30 余座，近年来平均日接待滑雪爱好者 7 万余人次，每年接待滑雪人数超 150 万，直接消费和拉动相关产业消费超 10 亿元；辽宁省还拥有室内外专业滑冰场 60 余个，每年参与滑冰人数达到 35 万人次。

以筹办"十五冬"为契机，辽宁省将在沈阳王家湾地区新建辽宁省冰上运动中心、在抚顺岗山新建辽宁省雪上运动中心、在省柏叶训练基地新建冬季两项及越野滑雪场地，同时对现有冰雪运动场馆场地进行提档升级。

省体育局党组副书记、副局长曹阳表示："我们要以承办'十五冬'为契机，聚焦打造新时代'六地'目标定位，特别是紧扣打造高品质文体旅融合发展示范地，大力普及群众性冰雪运动，广泛开展青少年冰雪运动，加快发展冰雪产业，为实现全面振兴新突破凝心聚气，为建设体育强国贡献辽宁力量。"

凛冬散尽，星河长明。这份温暖的民生答卷，书写在辽宁为全面振兴新突

破而奋发的深深的脚印中，书写在辽宁人民不断改善的居住环境里，书写在让人民生活"一年更比一年好"的不变追求里。

风霜雨雪，自有惠风相送；关隘重重，不挡大道在前！2024年来了，新的一年，我们将迎来新中国成立75周年，也将是实现"十四五"规划目标任务的关键一年，全面振兴新突破的攻坚之年。

征程万里阔，艰险更向前。龙年，正携着龙腾虎跃的精气神召唤我们，做智慧的冲刺者，既紧盯脚下，也抬头望远。春风十里，风劲好扬帆，奋进正当时！

左上 / 滑雪爱好者在丹东宽甸天桥沟滑雪场畅玩

左下 / 本溪花溪沐枫雪温泉旅游度假区

回望过去，

辽宁曾创造过辉煌历史、作出了重要贡献，

淬炼生成了抗日战争起始地、解放战争转折地、新中国国歌素材地、

抗美援朝出征地、共和国工业奠基地、雷锋精神发祥地等红色"六地"。

展望未来，我们把打造新时代"六地"

作为贯彻落实习近平总书记重要讲话精神的生动实践。

红色"六地"是历史选择了辽宁，

新时代"六地"则是辽宁选择了未来。

第三篇

锚定『六地』

谱写中国式现代化
辽宁新篇章

五谷收仓，瑞雪翩来。2023 年 11 月的辽沈大地，决战全面振兴新突破首战告捷的庆祝锣鼓已敲响，一次充满光荣与梦想的远征开启了新的航程。

11 月 6 日至 7 日，备受瞩目的辽宁省委十三届六次全会召开。会议审议通过《中共辽宁省委关于深入贯彻落实习近平总书记在新时代推动东北全面振兴座谈会上重要讲话精神奋力　谱写中国式现代化辽宁新篇章的意见》，明确紧扣打造新时代"六地"目标定位，即通过全省上下不懈奋斗，努力将辽宁打造成为国家重大战略支撑地、重大技术创新策源地、具有国际竞争力的先进制造业新高地、现代化大农业发展先行地、高品质文体旅融合发展示范地、东北亚开放合作枢纽地，在走出高质量发展、可持续振兴的新路子上发挥龙头和骨干作用，在谱写东北全面振兴新篇章中展现更大担当和作为。

迈上现代化新征程，辽宁担负什么样的使命任务、锚定什么样的战略目标、选择什么样的实践路径？ 12 月 4 日，《学习时报》刊发辽宁省委书记、省人大常委会主任郝鹏的署名文章《凝心聚力打造新时代"六地"奋力谱写中国式现代化辽宁新篇章》，对这些问题给予了明确的回答。

■ 把握历史机遇，坚定发展信心，在牢记嘱托、感恩奋进中推动辽宁重振雄风、再创佳绩

回望过去，辽宁曾创造过辉煌历史、作出了重要贡献，淬炼生成了抗日战争起始地、解放战争转折地、新中国国歌素材地、抗美援朝出征地、共和国工业奠基地、雷锋精神发祥地等红色"六地"。展望未来，我们把打造新时代"六地"作为贯彻落实习近平总书记重要讲话精神的生动实践。红色"六地"是历史选择了辽宁，新时代"六地"则是辽宁选择了未来。当前，辽宁正全力实施全面振兴新突破三年行动，一手抓高质量发展、一手抓全面从严治党，努力以超常规举措打一场新时代东北振兴、辽宁振兴的关键战役，各项工作呈现出多年少有的良好局面，经济运行低速徘徊的态势发生重大转变、干部干事创业的精神状态发生重大转变、辽宁营商环境发生重大转变、外界对辽宁的预期发生重大转变。辽宁已经走出了多年来的最困难时期，全面振兴其时已至、其势已成、其兴可待。

打造国家重大战略支撑地责无旁贷。习近平总书记赋予了我们维护国家"五大安全"的重要使命，强调要形成对国家重大战略的坚强支撑。打造国家重大战略支撑地是贯彻落实习近平总书记重要讲话精神的重要部署和必然要求，是管总、管根本的，具有牵一发而动全身的重要意义。辽宁有充足的信心和底气，也有着良好的基础与优势。辽宁是新中国工业的摇篮，有着辉煌的发展历史、良好的区位优势、完备的工业体系，在党和国家事业全局中具有特殊重要的战略地位。新时代新征程，辽宁仍然是党和国家可以委以重任的中坚力量。

打造重大技术创新策源地重任在肩。辽宁是科教大省，大院大所集中，金属材料、航空发动机、工业自动化等 25 个学科和专业研究在国内乃至国际举足轻重，拥有 61 名两院院士，具备打造重大技术创新策源地的丰富科教资源、

由中国航空工业沈阳飞机设计研究所设计、被誉为"中国歼击机摇篮"的沈阳飞
机制造（集团）公司生产的歼-15战斗机在"辽宁舰"上

深厚创新底蕴。近年来，我们坚定不移走创新路、吃创新饭，坚持创新在现代
化建设全局中的核心地位，深入实施科教兴省战略、人才强省战略、创新驱动
发展战略，突破了一批关键核心技术，加快推进了颠覆性技术的研发应用，取
得了国产首艘航母下水、航母舰载机成功起飞等标志性成绩。创建具有全国影
响力的区域科技创新中心取得积极进展，为国家实现高水平科技自立自强贡献
了辽宁智慧。我们坚持以科技创新推动产业创新，大力发展战略性新兴产业，
前瞻布局未来产业，促进了科教资源优势向振兴发展胜势转化。只要我们紧盯
创新前沿，深挖创新潜力，就一定能在创新发展之路上走在前、当先锋。

打造具有国际竞争力的先进制造业新高地大有作为。辽宁产业门类齐全、工业体系完备，拥有一批关系国民经济命脉和国家安全的战略性产业，在石化、航空装备、核电设备、生物医药、机器人等产业具有较强竞争优势，锻造了一大批"国之重器"。近年来，我们充分发挥自身优势，大力发展实体经济，加快传统制造业转型升级，有力推动了由制造向"智造"的转变。我们持续锻造制造业长板，扎实推进数字辽宁、智造强省建设，努力培育世界一流企业，把辽宁先进制造业名片擦得更亮。打造具有国际竞争力的先进制造业新高地，再创辽宁工业辉煌，我们要久久为功、善作善成。

打造现代化大农业发展先行地优势明显。辽宁是全国13个粮食主产省之一，畜牧、水产、蔬菜、水果、海鲜、食用菌等各类农产品供给在国内具有至关重要的地位。我们坚持把维护国家粮食安全摆在突出位置，注重加快农业强省建设，大力发展设施农业，努力构建多元化食物供给体系，农业生产规模化、智慧化、绿色化、社会服务化水平不断提升。我们坚持把发展现代化大农业作为主攻方向，加快建设大基地、培育大企业、发展大产业，全省农业农村现代化有序推进。打造现代化大农业发展先行地是辽宁优势所在，我们将以坚定的信心和决心，让"中国碗"装上更多"辽宁粮"。

打造高品质文体旅融合发展示范地底蕴深厚。辽宁拥有灿烂的历史文化、丰富的革命文化、厚重的工业文化、多彩的民族文化。辽宁山水林田湖草沙等生态场景一应俱全，可谓"春有百花秋有叶、夏有海风冬有雪"，四季分明、风光秀美，打造了一批精品旅游景点和线路。辽宁人民艺术剧院、辽宁歌剧院、辽宁芭蕾舞团、辽宁歌舞团等名扬海内外。辽宁是体育强省，在发展竞技体育和群众体育方面有着坚实基础，为国家培养和输送了一大批世界冠军、体育人才。这些都是我们打造高品质文体旅融合发展示范地的先天优势和深厚底蕴。只要我们坚持以文塑旅、以旅彰文，深挖潜力、乘势而上，就一定能够在实现

夕阳下的辽河

高品质文体旅融合发展上作出示范。

打造东北亚开放合作枢纽地区位特殊。辽宁作为东北地区唯一的沿海省份，地处东北亚经济圈核心地带，集漫长的海岸线、良好的港口资源等优势于一体，是我国对接东北亚、沟通欧亚大陆桥的重要海陆门户，是"一带一路"建设的重要节点。近年来，我们积极对接国家重大战略，深度融入共建"一带一路"，深化与《区域全面经济伙伴关系协定》（RCEP）成员国经贸合作，积极推进中蒙俄经济走廊建设，在服务和融入新发展格局中发挥了重要作用。只要我们把内在优势转化为开放优势、发展优势，就一定能够把辽宁打造成为东北亚开放合作枢纽地。

■ 咬定目标不放松、敢闯敢干加实干，
坚定不移走出一条高质量发展、可持续振兴的新路子

习近平总书记的重要讲话明确了新时代推动东北全面振兴的总体要求、主攻方向和关键举措，是东北、辽宁全面振兴的"金钥匙"。全力打造新时代"六地"，标志着辽宁全面振兴按下了"快进键"，步入了"新赛道"。新时代"六地"建成之时，就是辽宁全面振兴之际。我们必须以咬定目标不放松的韧劲，以敢闯敢干加实干的拼劲，一步一个脚印地把习近平总书记为我们擘画的宏伟蓝图变成美好现实。

坚持以科技创新推动产业创新，着力加快构建具有辽宁特色优势的现代化产业体系。我们要抢抓实现高水平科技自立自强的重大机遇，持续做好结构调整"三篇大文章"，加快传统制造业数字化、网络化、智能化改造，推动产业链向上下游延伸，加快建设先进装备制造、石化和精细化工、冶金新材料、优质特色消费品工业4个万亿级产业基地。深入推进战略性新兴产业融合集群发

展，前瞻性布局未来产业，加快形成更多新质生产力。我们要牢牢扭住自主创新这个"牛鼻子"，主动对接国家战略需求，整合和优化科教创新资源，加强重大科技创新平台建设，打好关键核心技术攻坚战；强化企业科技主体地位，加快科研成果落地转化，以科技创新引领产业振兴；大力发展海洋经济，加快建设海洋强省；深化国资国企改革，创新央地合作模式，增强国有经济竞争力、创新力、控制力、影响力和抗风险能力，让国有企业真正成为振兴发展的龙头；毫不动摇鼓励、支持、引导非公有制经济发展，推动形成国企民企外企竞相发展的良好局面。

坚持以发展现代化大农业为主攻方向，着力加快推进农业农村现代化。我们要始终把保障国家粮食安全摆在首位，锚定建设农业强省，深入实施粮食产能提升行动，加大投入提标建设高标准农田，着力提升保障国家粮食安全能力；把农业建成大产业，积极践行大食物观，发挥粮食和重要农产品生产优势，构建多元化食物供给体系，加快建设食品工业大省；推进美丽乡村建设，学习运用浙江"千万工程"经验，持续开展农村环境整治，分类建设乡村旅游重点村、乡村振兴示范带、美丽宜居村，打造具有辽宁山海平原特色的美丽乡村。

坚持加快建设现代化基础设施体系，着力提升对内对外开放合作水平。我们要进一步增强前沿意识、开放意识，全力打造对外开放新前沿；深化同日韩合作，拓展同俄蒙贸易往来，拉紧与欧美经济纽带，巩固提升东南亚、中西亚的经贸合作，升级货物贸易，创新服务贸易，发展数字贸易，把辽宁建设成为深度融入"一带一路"高质量发展的重要节点、国家向东向北开放的重要战略支撑、东北亚区域合作的中心枢纽；积极构建高能级开放合作平台，深入实施自贸试验区提升战略，高标准建设中德（沈阳）高端装备制造产业园、中日（大连）地方发展合作示范区、中俄（沈阳）经贸合作产业园，提升辽宁国际投资贸易洽谈会影响力，打造中国（沈阳）韩国周、中日（大连）博览会品牌，办

好夏季达沃斯论坛、中国国际装备制造业博览会、全球工业互联网大会等重大展会；主动对接京津冀协同发展、长江经济带发展等国家重大战略，更好融入全国统一大市场；统筹规划现代化基础设施体系，高标准建设东北海陆大通道，全面提升基础设施现代化水平。

坚持提高人口整体素质，着力以人口高质量发展支撑全面振兴。我们要把提高人口素质摆在首要位置，持续降低生育、养育、教育成本，解决好生得起、养得好问题；保持适度人口规模，积极应对人口老龄化，大力发展银发经济，最大限度发挥人口因素的能动作用，以人口整体素质的提高有效对冲人口总量的下降，为推动新时代辽宁全面振兴提供坚实人力资源保障；锚定人才强省建设目标，深入实施"兴辽英才计划"，着重招引战略科技人才、产业高端人才、行业领域专门人才等振兴发展急需人才；完善"引育用留"人才工作体系，深化"百万学子留辽来辽"行动，吸引更多高校毕业生在辽宁创新创业，打造面向东北亚的国际化人才高地。

坚持进一步优化政治生态，着力营造良好营商环境。良好的政治生态是最重要的营商环境。我们要把优化营商环境作为必须下好的先手棋，坚决向破坏营商环境的人和事"宣战"，着力解决经营主体关切的突出问题，全面构建亲清统一的新型政商关系，让"办事不找关系、用权不图好处"成为常态；把干部队伍建设作为优化政治生态的重要抓手，树立重实干、重实绩、重担当的选人用人正确导向，突出讲诚信、懂规矩、守纪律，认真落实"三个区分开来"，为敢干事、真干事、干成事的干部撑腰鼓劲，构建能者上、优者奖、庸者下、劣者汰的良好局面；持之以恒推进全面从严治党，以更大力度遏增清存，坚定不移"揭盖子""牵藤子""挖根子"，从严整治金融、政法、国企等重点领域腐败问题，一体推进不敢腐、不能腐、不想腐，实现辽宁政治生态的海晏河清。

■ 弘扬务实作风，强化使命担当，
扎实推进辽宁全面振兴取得新突破

实现辽宁全面振兴是一项系统工程，需要面对各种各样的风险挑战，不确定难预料的因素会不期而遇。我们必须增强忧患意识，强化底线思维，坚持目标导向和问题导向相结合，坚持锻长板、补短板相结合，坚持加大支持力度和激发内生动力相结合，注重战略谋划、前瞻布局、整体推进、协同发力，扎实推进辽宁全面振兴取得新突破。

强化永不停滞的创新精神。习近平总书记强调，创新才能把握时代、引领时代。辽宁向来不缺乏改革基因和创新意识，全国第一家以发行股票形式出现的股份制企业就诞生在辽宁。实践证明，改革创新意识越强，经济社会发展就越好。同时，我们清醒认识到，创新能力不足影响和制约着辽宁振兴发展。我们要进一步解放思想、转变观念，强化创新思维，提高创新能力，把问题当做创新的起点，以问题倒逼改革，用创新解决难题，以新理念、新思路、新办法大力推进改革创新，不断塑造发展新动能、聚集新优势，以思想的大解放打开振兴发展新局面。

强化舍我其谁的担当精神。习近平总书记勉励我们，要在新时代东北振兴上展现更大担当和作为。我们要把习近平总书记对辽宁的期许和厚望作为推动振兴发展的强大思想动力和行动指南，坚决履行好维护国家"五大安全"重要使命，切实担负起率先实现全面振兴新突破的历史责任，自觉当好老工业基地推进中国式现代化的路径探索者、东北全面振兴助力中国式现代化的担当奋进者、全面建设社会主义现代化国家的战略支撑者，以"时时放心不下"的责任意识，进一步增强历史责任感和现实紧迫感，在新时代东北全面振兴中当好开路先锋，展现更大担当和作为。

强化脚踏实地的实干精神。习近平总书记强调，新征程是充满光荣和梦想的远征，没有捷径，唯有实干。辽宁正处于千载难逢的战略机遇期、政策叠加的红利释放期、发展动能的加快集聚期、产业升级的转型关键期、跨越赶超的发展窗口期，实现全面振兴的目标任务、路径举措也更加清晰。大干必有成果、奋斗就有回报。我们要抢抓机遇、埋头苦干，把真抓实干体现到推动中国式现代化辽宁实践的主战场，把狠抓落实作为推动辽宁全面振兴的主旋律，强化各级领导抓落实的主体责任，坚持亲自推动、靠前指挥，提高标准、拉高标杆，对标一流、追赶一流、成为一流，深入实施全面振兴新突破三年行动，做到不解决问题不撒手、不抓出成效不罢休，努力把美好"愿景"变成振兴发展"实景"，交出一份无愧于人民和时代的优异答卷。

强化无所畏惧的斗争精神。斗争就是冲着问题去、奔着问题走，目的就是解决问题、清除障碍。随着改革的不断深入，重点领域和关键环节的改革进入深水区，矛盾和问题越来越集中，破解难度越来越大。我们必须做好打赢"攻坚战"、啃下"硬骨头"的思想准备，敢于斗争、善于斗争，以迎难而上的奋斗姿态、越是艰险越向前的战斗精神，勇敢迎接风险挑战，坚决战胜前进道路上的艰难险阻，努力开创实现全面振兴的新局面。

推动辽宁全面振兴是以习近平同志为核心的党中央赋予我们的神圣使命。我们要把贯彻落实习近平总书记重要讲话精神和党中央重大决策部署作为重大政治任务，作为深刻领悟"两个确立"的决定性意义、坚决做到"两个维护"的实践检验和具体行动，全面加强党的领导，坚持以高质量党建引领高质量发展，调动一切积极因素，踔厉奋发、勇毅前行，凝心聚力打造新时代"六地"，奋力谱写中国式现代化辽宁新篇章。

打造国家重大战略支撑地

在辽宁省委十三届六次全会提出的新时代"六地"目标定位中，打造国家重大战略支撑地，就是要坚决贯彻落实党中央重大战略部署，聚焦强国建设、服务国家战略，提高国防安全保障水平，夯实粮食安全根基，巩固产业安全基础，强化能源安全保障作用，筑牢生态安全屏障，切实担负起维护国家安全的职责和使命，加快建设数字辽宁、智造强省，加快推进质量强省、交通强省、清洁能源强省、海洋经济强省等建设，为国家构建新发展格局、推动区域协调发展等重大战略提供强有力支撑。

围绕如何解读好、阐释好、打造好国家重大战略支撑地，资深专家及相关部门的负责同志就新时代"六地"讲认识、谈见解、提建议。

参与讨论者　褚志利　辽宁省委政策研究室副主任

梁启东　辽宁社会科学院二级研究员

王行伟　辽宁省委党校（辽宁行政学院、辽宁省社会主义学院）经济学教研部主任

■ 在新时代"六地"建设中，
国家重大战略支撑地是管总、管根本的

> 省委为什么提出要打造国家重大战略支撑地？"国家重大战略支撑地"在新时代"六地"目标定位中处于怎样的位置？

褚志利：省委提出打造国家重大战略支撑地，是落实习近平总书记重要讲话精神的重大部署和必然要求，也是更好服务国家重大战略的重大决策和通盘考虑，这也充分体现了省委坚决贯彻落实习近平总书记重要讲话精神、奋力推动全面振兴的历史主动和使命担当。我理解，在新时代"六地"建设中，打造国家重大战略支撑地是管总、管根本的，聚焦的是维护国家"五大安全"政治使命，承载的是国家战略需要，服务的是强国建设、民族复兴。

梁启东：省委十三届六次全会提出打造国家重大战略支撑地，是站在中国式现代化全局高度，对辽宁振兴发展提出的战略定位。"支撑"二字，分量很重。国家重大战略支撑地在新时代"六地"目标定位中最靠前、最突出，是推进经济结构战略性调整、提高我国产业国际竞争力的战略举措，是促进区域协调发展、补齐发展短板的重大任务，是优化调整国有资产布局、更好发挥国有经济主导作用的客观要求。

王行伟：打造国家重大战略支撑地既是中央支持东北振兴的战略要求，也是辽宁扎实推动高质量发展、率先实现全面振兴新突破的必然选择，是衡量辽宁是不是全面振兴的重要标志之一。

■ 辽宁具有支撑国家重大战略的坚实家底和强大能力

> "支撑"就意味着要勇担"国之重任"、服务"国之大者"。那么，打造国家重大战略支撑地，我们辽宁的信心和底气在哪里、基础与优势是什么？

褚志利：打造国家重大战略支撑地，辽宁信心、底气充足，基础、优势良好。作为新中国工业的摇篮，辽宁有着辉煌的发展历史、良好的区位优势、完备的工业体系、丰富的科教资源。新时代新征程，辽宁仍然是党和国家可以委以重任的中坚力量。从产业发展看，我省是工业大省，装备制造、石化、冶金等产业在全国具有优势地位，同时，我省拥有一批世界一流的技术力量，"国字号"创新平台众多，一大批高新技术企业蓬勃发展，各类技术工人规模庞大，具有支撑国家重大战略的坚实家底和强大能力。从粮食生产看，我省是全国13个粮食主产省之一，粮食单产水平位居全国前列，全省粮食产量有望再创历史新高，我们有能力让"中国碗"装上更多"辽宁粮"。从能源角度看，我省是国家重要的能源安全通道，新型清洁能源发展势头良好，能源发展正朝着安全、绿色、可持续的方向稳步迈进，将有力维护国家能源安全。从生态环境看，我省生态系统完备，山水林田湖草等生态场景一应俱全。

梁启东：打造国家重大战略支撑地，辽宁的外部优势同样明显。党的二十大关于推动东北全面振兴实现新突破的部署、《关于进一步推动新时代东北全面振兴取得新突破若干政策措施的意见》、国家各部委关于东北振兴的支持措施、国家关于东北加快建设现代化基础设施体系的部署、俄罗斯远东开发、全球新一轮科技革命和产业变革等，都是辽宁打造国家重大战略支撑地的机遇和优势。这也和省委十三届六次全会提出的辽宁正处于千载难逢的战略机遇期、政策叠加的红利释放期、发展动能的加快集聚期、产业升级的转型关键期、跨越赶超的发展窗口期相吻合。

王行伟：辽宁区位优势明显，处于经济发展的黄金纬度带，拥有一批关系国民经济命脉和国家安全的战略性产业，资源、科教、人才、基础设施等潜力较大。在全球产业链和地缘政治格局急剧变化的时代背景下，在实现高水平科技自立自强，构建新发展格局和推进中国式现代化的新的重大机遇下，需要辽宁把科教和产业优势转化为发展优势，凸显在经济、能源、粮食等方面支撑国内大循环战略的重要地位。同时，国家加大对东北的政策支持力度，进行重大生产力和战略科技力量布局也会强化辽宁对国家重大战略的支撑能力。

■ **将进一步集聚和放大辽宁的比较优势**

> 对辽宁来说，打造国家重大战略支撑地，既是政治使命，也是难得的历史机遇。在"两个大局"交织的时代背景下，在强国建设、民族复兴的征程上，这样的目标定位，对辽宁的当下与未来意味着什么？

褚志利：回望辽宁历史，无论战争年代，还是和平建设时期，辽宁始终铁心向党、胸怀大局、担当奉献，有力支撑了各个时期的国家建设和事业发展，淬炼生成了红色"六地"，被誉为"共和国长子"。今天辽宁依然拥有独特的比较优势，在支撑国家重大战略上具有硬实力。如果说过去红色"六地"是历史选择了辽宁，那今天的新时代"六地"便是辽宁选择了未来。打造国家重大战略支撑地，意味着辽宁将担当更大的责任、肩负更重的使命，为强国建设、民族复兴作出新的贡献。

当前，辽宁高质量发展的基础更加巩固，维护国家"五大安全"的能力不断提升，外界对辽宁的预期持续向好，全省上下干事创业的热情空前高涨。特别是习近平总书记在新时代推动东北全面振兴座谈会上的重要讲话，深刻阐明了当前推动东北全面振兴面临新的重大机遇，这些重大机遇是我们奋力实现辽宁全面振兴的难得契机。

前段时间，中共中央政治局召开会议，审议《关于进一步推动新时代东北全面振兴取得新突破若干政策措施的意见》，为我们带来新的重大利好，辽宁迎来新一轮发展的春天。正如省委十三届六次全会指出，辽宁正处于千载难逢的战略机遇期、政策叠加的红利释放期、发展动能的加快集聚期、产业升级的转型关键期、跨越赶超的发展窗口期。打造国家重大战略支撑地，正当其时、大有可为，将进一步集聚和放大辽宁的比较优势，催生更多高质量发展的新活力新动能。只要我们以战略眼光看待时与势，抢抓机遇、脚踏实地、真抓实干，把优势发挥出来、把资源利用起来、把力量凝聚起来，就一定能够在新时代东北振兴上展现更大担当和作为，不断开创辽宁振兴发展新局面，不断提升辽宁在党和国家事业全局中的地位和分量。

梁启东：辽宁的全面振兴，绝不仅仅是 GDP 和其他经济指标的振兴。经济增长固然是基础和关键，但服务国家发展大局则更为重要。如果以 GDP 和其他经济指标来衡量，辽宁的经济位次近年来有所下降，但以综合价值来衡量，辽宁是我国重要的产业基地、能源基地、生态保障基地，堪称"国之重器"。试问，什么领域能够代表国家的国际竞争力？是房地产、矿泉水、互联网金融、动漫游戏，还是大飞机、高铁、量子卫星、宇宙飞船、核潜艇、航空母舰、重型燃气轮机、数控机床？答案不言自明。这是辽宁的独特优势。

辽宁的产业构成主要是装备制造业和原材料工业等重化工业。其中，聚集了一大批重磅企业。虽然这些产业和企业的市场规模不一定很大，却是保持国

大连华锐重工集团股份有限公司是国家重机行业的大型重点骨干企业。图为大连重工制造的取料机悬臂梁

家产业独立和迎击各种风险冲击的"顶门杠"，是保持民生和市场稳定的"压舱石"，这是辽宁的价值所在。

在"两个大局"交织的时代背景下，在强国建设、民族复兴的征程上，省委十三届六次全会提出打造"国家重大战略支撑地"，既是政治使命，也是发挥辽宁优势、展现辽宁价值的良机。辽宁要深入研判发展形势和机遇，准确把握振兴目标和思路，以"辽宁之为"担当"国之重任"、服务"国之大者"。

打造重大技术创新策源地

在辽宁省委十三届六次全会提出的新时代"六地"目标定位中，打造重大技术创新策源地，就是要坚持创新在现代化建设全局中的核心地位，依托科教资源优势，深入实施科教兴省战略、人才强省战略、创新驱动发展战略，加快突破更多关键核心技术，以科技创新推动产业创新，大力发展战略性新兴产业，前瞻布局未来产业，推进颠覆性技术研发应用，培育更多新质生产力，为国家实现高水平科技自立自强贡献辽宁智慧。围绕如何解读好、阐释好、打造好国家重大技术创新策源地，资深专家及相关部门负责人讲认识、谈见解、提建议。

参与讨论者　贾振元　大连理工大学校长

于海斌　中国科学院沈阳分院院长

蔡　睿　辽宁省科学技术厅厅长

■ 有利于整合优势资源、增强内生动力

> 辽宁提出打造重大技术创新策源地，是基于什么样的现实背景、战略考量？

于海斌：习近平总书记指出，当前新一轮科技革命和产业变革突飞猛进，科学研究范式正在发生深刻变革，学科交叉融合不断发展，科学技术和经济社会发展加速渗透融合。党的二十大再次强调了坚持创新在我国现代化建设全局中的核心地位。欧洲和美、日等世界科技强国聚焦在制造、芯片、能源、材料等一系列产业制高点，频繁出台一系列政策和规划，试图通过强化基础研究和技术创新，保持先发优势和源头技术话语权。因此，重大技术创新已经成为我国未来战略博弈的主战场，事关我国现代化建设全局，也是实现中华民族伟大复兴目标的基础性、根本性要求。

辽宁省工业基础雄厚、科教资源丰富、产业链和产业集群较为完善，实体经济占比大，且部分领域事关国家产业安全。打造重大技术创新策源地事关辽宁发展全局，是承接国家重大战略、建设先进制造高地、发展现代化大农业的重要基础，在辽宁省新时代"六地"中占有重要地位。

贾振元：辽宁省打造重大技术创新策源地，实现高水平科技自立自强，是当前推动东北全面振兴的必由之路，其重要意义有三点：一是适应全球科技发展趋势，二是提升国内产业结构和竞争力，三是推动辽宁创新驱动发展。当前，全球科技竞争越来越激烈，各国都在加强科技创新和研发。中国作为世界第二大经济体，也面临着科技创新和产业升级的压力。辽宁地处东北亚核心地带，在国际交流和贸易方面具有重要地位，辽宁的发展迫切需要适应全球科技发展趋势。同时，我国正面临着经济转型升级的压力，需要加强产业结构调整和升级。辽宁作为重要工业基地，其产业结构较为完善，但传统产业比重较大，新兴产业发展不够充分，需要发挥自身优势，推动传统产业升级和新兴产业发展。打造重大技术创新策源地，能够优化产业结构、加快新旧动能转换，培育新的经济增长点，实现经济快速转型升级。此外，还可以促进辽宁科技创新能力和研发水平的提高，推动传统优势产业的升级和新技术的研发应用，促进经济的

精细化工国家重点实验室坐落在大连理工大学，是我国精细化工创
新研究的重要基地，汇聚行业领军人才，引领精细化工行业发展

可持续发展，将辽宁建设成为全国科技创新的重要区域之一。

蔡睿：打造重大技术创新策源地，有利于进一步明确使命方向，整合优势资源，发挥新型举国体制优势，抢占科技制高点，加快实现科技自立自强，提升国家产业基础能力和产业链自主可控的能力；有利于进一步提升维护"五大安全"能力，强化辽宁、东北的战略支撑作用，加快推进中国式现代化；有利于发挥辽宁在东北地区的科教资源比较优势，提升科技发展势能，增强高质量发展的内生动力，以科技创新引领带动东北地区实现振兴新突破，加快实现区域协调发展；有利于将科教优势转化为发展优势。同时也是构建具有辽宁特色优势的现代化产业体系的内在需求，是辽宁科技领域"锻长板、补短板"的重要举措，是建设具有全国影响力的区域科技创新中心的重要内涵。

■ **辽宁具备打造重大技术创新策源地的丰富科教资源、深厚创新底蕴**

> 打造重大技术创新策源地，辽宁有哪些基础和优势？又有什么问题与不足？我们如何进一步补短板、锻长板？

蔡睿：辽宁是科教大省，科教资源丰富。金属材料、航空发动机、工业自动化等25个学科和专业研究在国内乃至国际上举足轻重。拥有61名两院院士，高校院所、国家级创新平台数量居东北首位、全国前列。沈阳材料科学国家研究中心等平台代表国际相关领域最高科研水平，近年来获国家级科技奖励数量屡创新高，其中，师昌绪、张存浩、顾诵芬获得国家最高科学技术奖。辽宁科研底蕴深厚，具备打造重大技术创新策源地的深厚创新底蕴。

辽宁创新载体完善。沈大获批东北地区唯一国家自主创新示范区，沈抚改革创新示范区被国务院定位为创新驱动发展的引领区。沈阳、大连、营口先后获批国家创新型试点城市。辽宁是东北地区创新型城市最多的省份，全省有国家级高新区 8 个，数量居全国第六位。

辽宁产业基础扎实。辽宁工业门类齐全，完整性居全国领先水平，新材料、精细化工、半导体芯片制造设备和工业基础软件等领域产业底蕴和科技优势突出。特别是辽宁重点高校和科研院所的科研领域与主导产业高度契合，支撑辽宁创造出共和国工业史上 1000 多个第一。

在看到优势的同时，存在的短板也不容忽视，当前，我省的科教资源优势尚未充分转化为振兴发展胜势，科技创新对产业创新的支撑引领作用发挥不充分。下一步，我们将整合资源，重点抓好国家级和省级平台体系建设，提升区域科技创新竞争力；我们将聚焦重点，实施关键核心技术攻关工程和颠覆性技术突破工程，打好关键核心技术攻坚战；我们将健全体系，提升科技成果本地转化率和科技型企业成长率，培育更多新质生产力。通过搭平台、抓攻关、促转化、育企业，引领带动构建具有辽宁特色优势的现代化产业体系，为全面振兴新突破提供有力科技支撑。

于海斌：辽宁省科教实力较强，高校和大院大所相对集中，学科较为齐全，特别是理工科与产业结合非常紧密，具有将学科优势转化为重大技术优势的深厚基础。

中国科学院驻辽科研单位共有 6 家，包括大连化学物理研究所、金属研究所、沈阳应用生态研究所、沈阳自动化研究所、沈阳计算技术研究所有限公司、沈阳科学仪器股份有限公司，曾为我国能源、化工、钢铁、机器人等领域创造了一系列第一，为国家发展作出过重要贡献。

近年来，各单位深入贯彻落实习近平总书记对中国科学院"四个率先"和"两加快一努力"目标要求以及与新时代东北全面振兴的战略机遇有机结合，在能源、制造、材料、农业等方面打造了一系列抢占科技制高点的关键核心技术，为辽宁维护"五大安全"重要使命提供了有力科技支撑。

贾振元：辽宁拥有丰富的科教资源和雄厚的产业基础，具备创新驱动发展的所有条件。科技资源的丰富性为辽宁打造重大技术创新策源地提供了重要保障。辽宁拥有完备的工业体系和产业基础，拥有大量先进的制造设备，为技术创新提供了广阔的应用场景。辽宁的工业涵盖了石油化工、机械制造、电子信息等多个领域，这些领域的技术创新将为辽宁经济发展注入新动力。辽宁省政府已经出台了一系列支持科技创新的政策措施，包括加大科技创新投入、优化科技创新环境、加强知识产权保护等。这些政策措施为辽宁打造重大技术创新策源地提供了重要支持。

■ 打造"好生态"，构建"强磁场"

打造重大技术创新策源地，是一项系统工程，当前，我们应该从哪些关键环节、重点领域精准发力？

于海斌：辽宁已有良好的科教基础，科技创新成绩斐然，面对日趋复杂的国际国内环境，打造重大技术创新策源地，建议从加强基础研究、布局重大科技基础设施建设、强化科技创新人才的引进和培养等方面持续发力。

贾振元：加强政策引导和支持，营造良好的创新环境。加强产学研合作，推动科技成果转化和应用。产学研合作是促进科技成果转化和应用的重要途径，可以建立产学研合作机制，搭建产学研合作平台，加强产学研交流；加强科技成果评价体系建设，提高科技成果的质量和水平；鼓励高校、科研院所与企业合作，推动科技成果的应用和转化。加强科研基础条件建设，提高科研水平和创新能力。科研基础条件是开展科技创新的重要前提，可以通过加大科技

大连理工大学夜景

投入和引进先进科研设备等，为开展高水平科学研究提供良好的基础和条件，提高整体科研水平；建设高水平科研基地，组织高水平科研团队，汇聚优质科技资源，开展有组织的科研，集中力量攻关企业发展中的关键核心问题，提高原始创新能力。

打造具有国际竞争力的
先进制造业新高地

在辽宁省委十三届六次全会提出的新时代"六地"目标定位中,打造具有国际竞争力的先进制造业新高地,就是要充分发挥工业门类齐全优势,大力发展实体经济,加快传统制造业数字化、网络化、智能化改造,把制造业长板锻长做强,打造万亿级先进装备制造产业基地、石化和精细化工产业基地、冶金新材料产业基地、优质特色消费品工业基地,培育一批世界一流企业,再创辽宁工业辉煌,为维护国家产业链供应链安全稳定贡献辽宁力量。围绕如何解读好、阐释好、打造好具有国际竞争力的先进制造业高地,相关部门和企业负责人讲认识、谈见解、提建议。

参与讨论者　胡异冲　辽宁省工业和信息化厅党组书记、厅长
　　　　　　杨　维　鞍钢集团本钢集团有限公司党委书记、董事长
　　　　　　戴鹤轩　华晨宝马汽车有限公司总裁兼首席执行官
　　　　　　蒋忠中　东北大学工商管理学院院长

■ 厚重基础是机遇所在

> 制造业是地区经济发展的重要支撑，打造具有国际竞争力的先进制造业新高地，辽宁的底蕴有哪些、机会有哪些？

胡异冲：辽宁是全国重要工业基地，产业基础雄厚、工业体系完备，已形成以装备制造、石化、冶金为支柱行业的工业体系，拥有一批关系国民经济命脉和国家安全的战略性产业。近年来，辽宁振兴势头不断上扬，正处于机遇期、转型期、发展期。工业投资不断扩大，华锦阿美精细化工及原料工程项目等一批投资 100 亿元以上项目实现开复工，总投资近 1900 亿元，将对全省未来 3 年投资形成有力支撑。政策利好不断释放，出台了《加快发展先进制造业集群的实施意见》等一系列文件，配套设立数字辽宁智造强省专项资金，加快建设 4 个万亿级产业基地、做强 22 个先进制造业集群。这些都是我们打造具有国际竞争力的先进制造业新高地的底蕴和机遇所在。

杨维：辽宁制造业的雄厚基础，是辽宁独有的优势，也是辽宁的根基。就发展冶金行业而言，铁矿资源和石灰石资源丰富，在全国来讲是很具有优势的。全产业链工艺装备水平经过多年积累达到世界领先水平，这些将有效助力辽宁打造具有国际竞争力的先进制造业新高地。

蒋忠中：辽宁作为中国东北地区的经济中心，发展先进制造业优势天然。辽宁有一批具有国际竞争力的先进制造企业，如沈飞、新松、沈鼓等；也拥有一批在业内领先的高校和科研院所，如东北大学、大连理工大学、中科院金属所、中科院沈阳自动化所等，产业资源、科教资源丰富。同时，辽宁还有一大批高新技术产业开发区、经济技术开发区作为承载先进制造业落地发展的载体。辽宁具备了打造具有国际影响力的先进制造业产业基地的基础，也做好了充分的准备。

戴鹤轩：20多年来，辽宁一直是宝马在中国的重要合作伙伴，也是宝马在中国的家。辽宁为宝马提供了高技能人才、高水平院校，以及高效率国际运输通道和物流基础设施。在宝马的带动下，众多国内国际领先汽车零部件企业落户辽宁、投资辽宁，催生出中德（沈阳）高端装备制造产业园和沈阳大东汽车城等产业集群。

■ "智"改"数"转是必经之路

> 辽宁是靠实体经济起家的，占全省规模以上工业八成以上的制造业是辽宁工业的支柱力量。其中传统制造业占比较大，如何加快传统制造业数字化、网络化、智能化改造，把制造业长板锻长做强，把工业基础优势转化为产业发展优势？

胡异冲：省工业和信息化厅将以智能制造为主攻方向，聚焦数据化、平台化、智能化、生态化，加快推进新一代信息技术与传统制造业融合发展。一是夯实数字化发展基础。二是抓好平台体系建设。三是加快智能化发展。四是优化产业发展生态。

杨维：作为龙头企业，本钢将坚定不移地把数字本钢建设作为加快建设世界一流企业的关键举措。聚焦"产业数字化、数据价值化"两个领域，面向管理全方位、经营全链条、制造全流程，提升信息技术服务应用能力，实现"数据赋能、管控升级、经营协同、制造增效"，加强大数据、人工智能等新一代信息技术与企业场景深度融合。

戴鹤轩：得益于辽宁不断完善的数字化基础设施，宝马大力发展先进制

钢冷轧产品

造和物流体系。宝马沈阳生产基地是全球首个 5G 汽车生产基地。人工智能、5G、数据科学等新技术的应用不断提高效率，将有效提升产品质量，助力宝马实现可持续发展。辽宁各企业应与科技伙伴携手并进，研究、测试新技术，以推动企业高质量发展。

　　蒋忠中：将工业基础优势转化为产业发展优势，数字化转型是必经之路。辽宁要筑牢"数字底座"，针对产业发展痛点难点，研究出台一批支持工业互联网、"5G+工业互联网"发展的引导政策举措；要守好安全红线，培育一批技术水平高、市场竞争力强的网络安全企业；要突破前沿"锋线"，全面开展数字化服务诊断，推广应用数字孪生、虚拟仿真等新技术，分行业培育一批数字化转型标杆企业、智能制造优秀应用场景，建设一批数字化车间、智能工厂；

宝马工厂沈阳生产基地建有 29 万平方米太阳能电池板，规模位列辽宁企业第一

最后还要用好政策"工具箱"，加大政策资金支持。

■ 育新培优是大势所趋

> 新兴产业是辽宁全面振兴的希望所在，也是培育和发展新质生产力的主阵地。我省如何在"新"上发力，培育壮大新兴产业、抢滩未来产业，在竞争中抢得先机？

胡异冲：我省一直聚焦高端装备、新材料、电子信息等重点新兴产业领域，培育新质生产力。未来，我们将坚持以体系化产业创新，形成技术攻关与产业化应用的良性循环，打造一批制造业创新中心、企业技术中心，加速创新成果工程化、产业化、商业化进程。同时，加强企业主导的产学研深度融合，促进新技术不断提高，新产品不断涌现，新企业不断成长，新赛道不断开辟。

杨维：布局战略性新兴产业是本钢近年来的重点任务，我们聚焦新能源、新材料、物流产业，打造了企业发展的"第三极"。

戴鹤轩：随着汽车行业向电动化转型，华晨宝马与政府及合作伙伴密切合作，致力于将沈阳打造成为中国电动出行中心。宝马投资 100 亿元建设第六代动力电池项目，我们的目标是打造具有核心竞争力的科技创新高地，以及在当地开发和生产全套电力驱动系统的技术实力。同时，还要注重人才培养，积蓄发展力量。

蒋忠中：大力发展战略性新兴产业，积极培育未来产业，集聚壮大新质生产力。我认为要重点发展高端制造装备业、航空制造、集成电路、生物医药产业等战略性新兴产业，重点培育生物产业、深海空天开发技术、氢能与储能、新材料等前沿科技和产业变革领域。打造一批领军企业和标志产品，形成新的产业梯队。

■ 强企兴业是重要抓手

> 企业是辽宁全面振兴的生力军，也是产业发展的重要载体。未来，我省将如何进一步壮大经营主体，打造一批具有强大科技实力、核心竞争力、行业领导力的一流企业，研发出具有市场影响力、科技附加值的辽宁特色产品？

胡异冲：若将企业比作打造新高地的"砖瓦"，那么政策、举措就是黏合"砖瓦"的"水泥"，要相辅相成才能建成高楼大厦。在优质企业培育上，我们已经出台了《辽宁省优质中小企业梯度培育管理实施细则》《辽宁省制造业单项冠军企业认定管理办法》等政策举措，开展了技术创新、精益管理推广等多种服务，帮助企业对接人才、技术、融资等资源，助力企业稳步成长。未来，我们将开展第三批省级制造业单项冠军企业遴选认定工作，加快研究制定《辽宁省专精特新企业培育工作方案》，落实流动资金贷款贴息政策，探索以联盟、产业学院等形式汇聚专家资源、服务资源、平台资源，系统打造以"智库"为引领的新型服务模式。

杨维：本钢将深入贯彻国家创新驱动发展战略，重点围绕汽车、家电、新能源、高端装备制造等行业的发展需求，优化整合技术创新资源，加强"四个创新平台"建设，重点强化国家级技术中心能力建设，夯实"先进汽车用钢开发与应用技术国家地方联合工程实验室"基础建设，推进"辽宁省钢铁产业产学研创新联盟"高效、持续发展。同时，围绕企业战略目标，培育拥有自主知识产权的核心技术和产品，构建高强汽车钢、特殊钢，低碳绿色和智能制造等专利池，提升本钢核心竞争力。

打造现代化大农业发展先行地

在辽宁省委十三届六次全会提出的新时代"六地"目标定位中，打造现代化大农业发展先行地，就是要始终把保障国家粮食安全摆在首位，锚定建设农业强省目标，发挥粮食和重要农产品生产优势，推进农业生产规模化、智慧化、绿色化、服务社会化，积极践行大食物观，协同推进农产品初加工和精深加工，畅通"北粮南运"通道，建设大基地、培育大企业、发展大产业，在发展现代化大农业上探新路、当先锋。围绕如何解读好、阐释好、打造好现代化大农业发展先行地，资深专家和相关部门、企业负责人讲认识、谈见解、提建议。

参与讨论者　朱文波　辽宁省农业农村厅党组书记、厅长
　　　　　　吕　杰　辽宁省农业农村现代化研究基地首席专家
　　　　　　赵文君　十月稻田集团副总经理

■ 资源禀赋、厚重底蕴是"先行"之基

> 要以发展现代化大农业为主攻方向，加快推进农业农村现代化，是习近平总书记在新时代推动东北全面振兴座谈会上强调的"五项重要任务"之一。对此，辽宁提出，要打造现代化大农业发展先行地。"先行"二字，定位很高，那么，辽宁的底气来自哪里、路径如何选择？

朱文波：我省农业基础雄厚，潜力巨大；地处农业生产黄金纬度，雨热同季，日照丰富，四季分明；有300多条河流，蜿蜒曲折、滋养万物；约有2800万亩典型黑土地，粮食播种面积稳定在5300万亩以上，过半数基本农田已建成高标准农田；基础设施支撑能力较强，产业基础雄厚、工业体系完备，农业科教资源、种质资源丰富，创新家底厚实；主要农作物良种覆盖率达到100%，主推技术到位率在95%以上，玉米耕种收综合机械化率预计达到93%。

下一步，我省要树立大食物观，加快建设食品工业大省，大力发展粮油、畜禽两个千亿级产业集群；谋划实施一批现代设施农业重大工程、重点项目，加大政策支持和协同保障力度，全面夯实现代设施农业发展基础。同时要推广良种良技，加强品种创新与推广应用、种业企业培育和种业基地建设力度。此外，要加快数字农业建设，大力推进智慧农业应用基地创建，支持粮油作物生产应用物联网系统和设施、设备。

吕杰：先行，体现着以"辽宁之为"担当"国之重任"，服务"国之大者"。近年来，我省始终坚持保障国家粮食安全首要担当与践行大食物观发展理念相结合，不断增强稳产保供能力。作为全国粮食主产省之一，我省通过持续加强耕地保护、高标准农田建设和农业科技创新与推广，不断提高农业生产经营水

上／ 朝阳市建平县朱碌科镇谷子大丰收

下／ 近年来，本溪市在挺起"工业脊梁"的同时，全面实施乡村振兴战略，农业综合生产能力提升，坚持扛牢保障国家粮食安全政治责任

平和机械化利用率。2010年至2022年，我省粮食播种面积占全国比重由2.9%提高到3.41%，粮食单产水平提高20%以上，2022年粮食单产是全国平均水平的1.18倍、人均粮食占有量是全国平均水平的1.21倍，我省用3.41%的粮食播种面积贡献了全国粮食增加量的5.34%。2023年，我省加快推进设施农业建设，蔬菜、水果设施产量占总产量的80%以上。我省是畜牧和水产养殖大省，海水养殖面积位居全国第一，全省规模化畜牧养殖率达到71%，高于全国平均水平。我省还是农业土特产和林下经济大省，柞蚕、梅花鹿、食用菌、坚果、山野菜和浆果等生产在全国占有重要位置。这些农业优势特色资源底蕴，夯实了我们在发展现代化大农业上探新路、当先锋的底气。

赵文君：可持续推动农业产业化联合体建设，促进农业产业横向和纵向融合。横向上推动一产"接二连三"，促进农业与加工制造、电商物流等融合发展，通过企业"线上订单＋快递"结合，利用快递业释放农村消费潜力、助力农产品上行，延伸产业链、提升价值链，促进农业增效、农民增收；纵向上要打造从农田到餐桌的全产业链路，助力辽宁省加快培育粮油、畜禽、果蔬、水产品等千亿级产业集群，进而夯实现代化大农业先行的根基。

■ **精耕细作打造"金扁担"**

> 打造现代化大农业发展先行地，建设大基地、培育大企业、发展大产业是关键所在。那么，我省又如何做到这"三大"？

朱文波：习近平总书记把农业现代化比喻为"金扁担"。对于辽宁来说，要挑起这根"金扁担"，就要将传统农业生产的内涵向大食物观、大规模、高效率等方向充分延伸，培育大企业、建设大基地，发展现代农业产业体系，精

铁岭市昌图县太平镇众鑫农机服务专业合作社正在收割玉米

耕细作，加快建设农业强省。龙头企业是我省农业产业聚企成链、集链成群的核心，是带动一二三产业融合发展的重要引擎。我省要落实农产品深加工贴息、补助、奖励政策，引导企业加快技改扩能；积极推动龙头企业领衔组建产业联盟，配套推进研发、物流、服务等相关产业，增强产业链韧性；以建立订单基地等方式强化企业同农户的利益联结机制，发挥联农带农作用；加快推进农产品加工集聚区建设；加大招商引资力度，积极谋划一批跨地区、跨领域、关联性强的优质项目，强化要素保障，打造亲商环境。

吕杰：我们应以优质农产品生产为目标、以农业生产"三品一标"为手段，推进高标准农田建设、农业设施建设和海洋牧场建设，统筹推进科技农业、绿色农业、质量农业、品牌农业，促进优势粮油产品、名优土特产品、设施农业优质产品、森林海洋产品提质增效，加快建设具有辽宁特色的粮经饲统筹、农林牧渔结合、植物动物微生物并举的多元化食物供给现代农业大基地。辽宁拥有众多国家级省级农业产业化龙头企业，为培育现代农业大企业奠定了良好的发展基础。我们应聚焦食品加工全链条产业，协同推进农产品初加工和精深加工，建设创新能力强、产业链条全、绿色底色足、安全可控、联农带农的各类农业大企业，补齐农业大企业数量规模小的短板、增强经济效益低的弱项、完善精深加工缺的断链，加快培育农产品食品加工企业强、农产品物流贸易企业活、农业生产生活服务企业好、乡村休闲旅游康养企业优的现代农业大企业。

■ **始终把保障国家粮食安全摆在首位**

> 2023 年，我省粮食产量达到 512.7 亿斤，再创历史新高，全国粮食主产省地位进一步巩固。今后我省该从哪些方面着手，开创性地开展工作，让"中国碗"装上更多更好"辽宁粮"？

朱文波：一是压实工作责任，督促各级党委、政府和有关部门把粮食生产作为"三农"工作的头等大事抓好抓实，共同扛牢维护粮食安全的政治责任。二是调动两个积极性，落实好中央产粮大县奖励和省级粮食生产督察激励政策，对粮食产量达到标准的县和粮食生产工作排名靠前的市给予奖励，调动基层政府重农抓粮的积极性。三是着力提升耕地质量，保护好黑土地这个"耕地中的大熊猫"，切实加快高标准农田建设。四是强化科技装备支撑，深入实施

收获中的农民露出喜悦的笑容

种业振兴行动，强化基层农技推广体系建设，推进科技推广与成果转化。五是科学抓好防灾减灾。

吕杰：我省应持续发力，牢记"首要担当"，为国谋"粮"策。要继续坚持最严格耕地保护制度，不断规范高标准农田建设，切实筑牢粮食安全"耕"基。持续实施现代种业提升工程，做强农业"芯片"，培育种业龙头，不断提升科技创新支撑能力。以沈阳农业大学、辽宁省农业科学院、东亚种业等育种实力强的农业科研院校和龙头企业为支撑，通过加大支持种质资源收集与保护工作，深入开展农科教企、产学研用联合育种攻关，培育并推广高产、优质、稳产、绿色，具有自主知识产权的优良新品种。同时配合主推实用技术，有效推动科研成果转化为现实生产力。

赵文君：要积极践行科学化管理。以十月稻田集团等食品行业企业为例，其生产经营一边连接工业与农业、城市与乡村，一边链起生产、流通与消费。需要积极依靠科技创新、智能化优储优存，确保粮食品质。在十月稻田集团的新民生产基地，已引入科技智能元素，原粮经过严格的检测验收后，进入自动化储粮仓，通过电子测温、空调控温、机械通风等科学储粮技术，实现科技赋能科学质检、智能温控、科技防虫，让粮食的"住房"条件越来越绿色化、信息化、智能化。

打造高品质文体旅融合发展示范地

在辽宁省委十三届六次全会提出的新时代"六地"目标定位中，打造高品质文体旅融合发展示范地，就是要深入挖掘历史文化、红色文化、工业文化、民族文化等特色文化资源，用好山水、冰雪、滨海、温泉等自然生态资源，突出竞技体育和群众体育的基础优势，抓住承办2028年第十五届全国冬季运动会有利契机，坚持以文塑旅、以旅彰文，推动文化、体育和旅游更广范围、更深层次、更高水平融合发展，加快建设文化强省、体育强省、旅游强省。围绕如何解读好、阐释好、打造好高品质文体旅融合发展示范地，专业人士及相关部门负责人讲认识、谈见解、提建议。

参与讨论者　卢锡超　辽宁省文化和旅游厅副厅长
　　　　　　曹　阳　辽宁省体育局党组副书记、副局长
　　　　　　程　鹏　沈阳建筑大学体育部教师

■ 从"文旅"融合到"文体旅"融合

> 2023年6月召开的全省文旅产业振兴发展大会提出,推进辽宁省文化和旅游深度融合发展。省委十三届六次全会提出将辽宁打造成高品质文体旅融合发展示范地。从"文旅融合发展"到"高品质文体旅融合发展示范地",我们将如何借助体育赛事这一平台载体,实现文体旅融合发展?

卢锡超:贵州的"村超"成为全网狂欢的热点,小小乡村足球联赛登上央视,相关内容全网浏览量超20亿次。这给我们提供了一个文体旅融合发展的范例,更是启发。文体旅融合发展不是简单的相加,而是资源共享、相互赋能、协同发展。体育赛事集时尚生活、运动健身、传统文化、休闲旅游于一身,有着强烈的文化符号象征和精神价值,是文体旅融合发展的生动实践。要实现打造高品质文体旅融合发展示范地这一目标,借助体育赛事平台载体实现文体旅融合发展,我们可以从三方面持续发力:一是打好资源整合牌,通过体育赛事积聚人气,让文化"活"起来,让旅游"火"起来,开发各类文体旅融合产品。二是打好业态融合牌,将体育赛事与文化、旅游、教育、工业、农业、研学等业态融合起来。三是打好场景聚合牌,围绕体育赛事辐射的时间和空间,聚合文化演艺、餐饮住宿、度假旅居、时尚购物等服务业相关联要素和功能,大力发展夜间文化和旅游消费集聚区、休闲街区等新型消费场景,拓展文化和旅游消费时空,通过体育赛事达到强体育、促经济、树品牌、惠民生的综合目的。

曹阳:从"文旅融合发展"到打造高品质文体旅融合发展示范地,体现了一脉相承和与时俱进的统一,将为辽宁振兴发展注入更新更强大的动能。辽宁体育基础深厚,是我省一张亮丽的名片。2022年,辽宁省体育产业总规模已超过 1300 亿元，占全省地区生产总值比重达 1.45%，超过 1.1% 的全国平均水平。体育搭台，文旅唱戏。我们将以体育赛事为平台，努力开创体育赋能、文化为媒、旅游带动的文体旅深度融合发展新格局，着力打好"体育＋文旅＋消费"组合拳，发挥体育赛事"助推器"作用，让体育赛事带来的"流量"转化为文旅消费的"留量"。

程鹏：体育赛事天然具有让人"为一场赛事奔赴一座城"的凝聚力和号召力。打造高品质文体旅融合发展示范地，让出圈赛事成为文体旅融合的平台，辽宁作为体育强省大有可为。叫响"辽字号"体育赛事品牌，要依托辽宁优越的自然资源与文化特色，举办具有地域特色的赛事，积极引入国际性、国家级的高端体育赛事，提升城市美誉度。拓宽"体育＋"路径，在体育赛事中巧妙融合辽宁文化地标、产业特色和自然资源，让参赛选手沉浸式感受辽宁的城市风貌与文化底蕴，提升游客停留时长和复游率，实现一日比赛、多日停留，一人参赛、多人旅游，单人竞赛、多人消费。

■ 向更广范围更深层次更高水平融合

> 什么样的文体旅融合发展示范地才称得上是高品质？高品质的标准是什么？怎样才能达到高品质？

卢锡超：首先，要提供人民群众喜欢、市场认可的高品位文化旅游产品，特别是要创作能够反映新时代精神的叫好又叫座的文化艺术精品，不断优化产品供给。其次，要统筹整合文体旅优质资源，释放优势潜力，激活市场主体，创新体验场景，丰富特色业态，提升服务能级，积极"锻长板、补短板"，推动文体旅全业态、全产业链提质升级、融合发展。最后，实施重大项目带动战

略，按照适度超前的理念策划一批省级重大项目，比如海上游辽宁、滨海自驾景观大道、长城文化公园精品旅游带、辽西文化走廊旅游带、度假旅居辽宁小镇等，通过盘活存量吸引增量，打造一批文体旅融合发展示范项目，将文体旅产业培育成为国民经济的支柱产业。

曹阳：高品质文体旅融合发展，需要一体化布局、一体化推进。从体育层面讲，为了更好地与文旅融合，需要持续提升体育发展的质量和效益，大力推动全民健身与全民健康深度融合，打造现代产业体系，激发市场主体活力，扩大体育消费；要大力弘扬中华体育精神，传承中华传统体育文化，推动我省运动项目文化建设；丰富体育文化产品，实施体育文化创作精品工程，创作具有时代特征、体育内涵、辽宁特色的体育文化产品，为更好地与文旅融合搭建平台、拓展空间。

程鹏：要实现高品质发展，应强化顶层设计，制定体育旅游发展规划，以专业性体育赛事为引领，不断强化体育赛事与文旅产业的融合发展。首先要抓住 2028 年第十五届全国冬运会契机，创新办会方式，用更多旅游活动和文化交流活动丰富赛会内容，实现全域旅游宣传。其次，积极引导体育元素融入文旅项目，利用资源优势做好"山水""冰雪"文章，策划一批符合消费升级趋势的体育产品，实现"一业带百业"的倍增效应。再次，推动形成全域化文体旅发展格局，充分发挥地域资源优势，找准文化、旅游和体育产业融合的切入口，引进社会力量参与共建，为文体旅高质量融合发展固本强基。

左上／ 大连马拉松

左下／ 2023 年 5 月 15 日，在辽宁沈阳举行的 2022—2023 赛季中国男子篮球职业联赛（CBA）总决赛第四场比赛中，辽宁本钢队以 106 比 70 战胜浙江稠州金租队，从而以 4 比 0 的总比分夺得总冠军（新华社记者　潘昱龙摄）

■ 将资源优势转化成产业发展优势

> 辽宁是文化大省、体育大省，旅游资源丰富。为进一步推进文体旅深度融合发展，进而实现"1+1+1>3"的效果，将资源优势转化成产业发展优势，辽宁需要在哪些方面深挖潜力、在哪些地方重点发力？

卢锡超：打造高品质文体旅融合发展示范区，核心任务就是将资源优势转化为产业发展优势。主要路径有三条：一是挖掘整合优势资源，开发具有市场竞争力的产品。我省在文化、体育和旅游三个方面的潜力巨大，要充分挖掘"六地"红色文化资源，推进红色旅游融合发展典型示范，盘活世界文化遗产、历史文化名城、全国重点文物保护单位等资源，打造经典文物游径；要充分发挥生态资源优势，大力发展海洋海岛游、边境跨境游、露营自驾游、冰雪温泉游、生态旅居游、特色美食游等，全面推进东北亚旅游目的地建设。二是依据市场新变化新需求，打造文体旅融合发展新场景，提升文体旅消费能级。我省要充分利用文旅高科技优势，培育休闲度假、夜间消费、户外运动、赛事旅游、文旅装备、电子竞技等体验式消费场景。三是提升市场主体运营能力水平，要推动旅游品牌体系建设，力争在国家级旅游度假区、国家边境旅游试验区、国家级滑雪旅游度假地、全国红色旅游融合发展示范区等品牌创建上取得新突破。打造"跟着赛事去旅行""寻味美食去旅行""嬉冰雪、泡温泉，到辽宁、过大年体验旅行"和"乡约辽宁""海上游辽宁""游购辽宁"品牌项目；要叫响"山海有情 天辽地宁"宣传口号，持续提升辽宁文化和旅游品牌影响力和美誉度。

曹阳：文体旅深度融合不是物理上的简单相加，而是要真正融合并形成化学反应、激发集群效应、释放聚合效应，壮大产业能量。未来，我们将在以下几个方面重点发力，将辽宁丰富的体育资源优势转化为融合发展的产业优势、竞争优势。一是以筹办第十五届全国冬运会为契机,壮大冰雪运动、冰雪经济。二是以人民健康为中心,广泛开展高质量全民健身赛事活动,如持续推进"攀登辽宁""跑遍辽宁"等十大全民健身系列品牌活动。三是以体育产业基地为依托,引导体育生产要素、产业项目、重点企业向产业基地和产业园区集聚,加快体育产业基地规模化、特色化发展,推动体育旅游产业全面提升。

■ 守正创新打造融合发展新模式

> 把辽宁打造成高品质文体旅融合发展示范地,意味着辽宁要有能力提供可复制、可推广的创新经验和成功模式,辽宁未来应该如何做,才能实现成为示范地这一目标?

卢锡超:打造高品质文体旅融合发展示范地,要深化体制改革机制创新,构建起高质量的文体旅产业协同发展机制;坚持以人民为中心的发展思想,研究把握"需求侧"多元诉求,深化推进供给侧结构性改革,致力打造红色旅游新高地、培育中国北方生态旅居胜地、建设大众冰雪旅游最佳体验地、构建现代旅游消费集散地;要加强地方标准的制定实施,研究制定大众冰雪温泉体验地、度假旅居目的地、赛事旅游示范地、红色旅游资源管理利用等规范标准,并推动上升为国家标准,逐步建立具有辽宁特色的文化和旅游标准体系;要通过顶层设计与基层创新相结合,推动文化、体育和旅游向更广的范围、更深的层次、更高的水平融合发展,逐步形成具有辽宁特色且可在全国复制推广的文体旅融合发展的辽宁模式,充分展现推进中国式现代化辽宁实践的担当和作为。

曹阳:打造高品质文体旅融合发展示范地,不仅是文化、体育和旅游自身

沈阳故宫大政殿

转型发展的客观需要，更是锚定文化强省、体育强省、旅游强省建设的必然要求。推动文体旅实现深度融合，需要坚持守正创新，以全新的理念在打造融合发展新模式、拓展融合发展新空间、激发融合发展新活力、构建融合发展新机制上集中发力，探索并形成文体旅融合发展的"辽宁模式"与"辽宁经验"。文体旅融合需要优质的项目载体给予空间支撑，要发掘、整理、整合现有资源，多元化建设融合载体。近年来，围绕全省"一圈一带两区"发展定位，我们布局了全省体育产业发展"两核四区多基地"的"2+4+N"建设工程；以沈阳、大连为产业发展核心，打造"沈阳现代化都市圈体育产业一体化""辽宁沿海运动休闲带""辽西融入京津冀体育产业协同发展战略先导区""辽宁东部雪

在全新升级的沈阳东北亚国际滑雪场，游客畅享滑雪的快乐

上运动产业先导区"以及 N 个体育产业示范基地。这些优质的体育产业资源，都可以融入文体旅融合发展中去，实现共享、共建、共赢。

程鹏：辽宁要成为高品质文体旅融合发展示范地，需要从集成思维角度出发，用好自然资源优势以赛促产，结合自身丰富的历史文化资源和体育赛事优势，进一步推进冰雪产业和冰雪运动落地生根，构建具有辽宁特色的大文体旅 IP 体系，不断丰富文体旅业态，立足新消费、新需求、新体验，不断完善文体旅融合产品体系，延长产业链条，推动文体旅市场从"吃住行"到"游购娱""运健学"提档升级。

打造东北亚开放合作枢纽地

　　在辽宁省委十三届六次全会提出的新时代"六地"目标定位中,打造东北亚开放合作枢纽地,就是要充分发挥区位优势,坚持敢为人先、开放包容、互利共赢,深度融入共建"一带一路"高质量发展,全力推进向北开放,拓展俄蒙,深耕日韩,紧盯欧美,巩固提升东南亚、中西亚,高标准建设东北海陆大通道,积极对接国家重大战略,打造对内对外开放合作的中心枢纽,在畅通国内大循环、联通国内国际双循环中发挥更大作用。围绕如何解读好、阐释好、打造好东北亚开放合作枢纽地,资深专家及相关部门负责人讲认识、谈见解、提建议。

参与讨论者　潘　爽　辽宁省商务厅党组书记、厅长

　　　　　　冯万斌　辽宁省交通运输厅党组书记、厅长

　　　　　　余淼杰　辽宁大学党委副书记、校长

■ 在东北高水平对外开放中打头阵、挑大梁，辽宁责无旁贷

> 打造东北亚开放合作枢纽地，辽宁具备良好基础条件。从更高站位、更宽视野观察，打造东北亚开放合作枢纽地将在东北地区乃至东北亚地区发挥怎样的作用？打造东北亚开放合作枢纽地的重要意义是什么？

潘爽：辽宁地处东北亚经济圈核心地带，既沿海又沿边，是"一带一路"建设的重要节点，是中国对接东北亚、沟通欧亚大陆桥的重要海陆门户，对外开放合作区域优势明显，是最具开放基因、开放潜能、开放活力的省份之一。打造东北亚开放合作枢纽地，是辽宁牢记嘱托、感恩奋进、不辱使命的政治担当。辽宁是东北地区唯一的沿海省份，经济总量、进出口总额和总人口分别占东北三省的 50%、65% 和 44% 左右。因此，推进高水平对外开放，辽宁责无旁贷，必须打头阵、挑大梁，我们有信心、有决心、有能力成为东北亚区域开放合作的枢纽。在全面振兴新突破三年行动的首战之年，省委明确提出打造东北亚开放合作枢纽地，这是辽宁抢抓"十四五"时期后三年重要窗口期、机遇期的关键之举，是解决我们最现实、最紧迫问题的必由之路。

余淼杰：打造东北亚开放合作枢纽地，可以补齐东北经济中存在的开放合作短板，通过开放促改革，以改革带发展，发挥出应有潜力。高水平对外开放要找到自身的比较优势和独特定位，辽宁和东北亚国家合作具有地缘优势，如今也正逢难得机遇，由于世界地缘政治发生深刻变化，向东向北开放成为共建"一带一路"的重点方向，与日本、韩国、俄罗斯有着良好合作基础的辽宁将会有更广的合作空间、更多的合作机会。近年来，得益于 RCEP 的落实，粤港澳大湾区"近水楼台先得月"，成为对外开放的"桥头堡"，发展成效引人瞩目。

如果我们将视野放宽，全力打造东北亚开放合作枢纽地，相信辽宁也将同样成为对外开放的"桥头堡"，并倒逼改革深入推进。通过更为国际化的沟通融合，营商环境也会随之改善，辽宁经济发展将迈上新的台阶。

■ 以"六大工程"为重要抓手

> 打造东北亚开放合作枢纽地的目标已经明确，接下来，我们应聚焦哪些重点、采取什么措施，将美好愿景变成振兴实景？

潘爽：一是实施打造枢纽扩开放工程。深度融入共建"一带一路"，坚持全力向北开放、聚焦东北亚、紧盯欧美、拓展西亚、辐射东南亚等5个重点方向，全面提升我省对外开放水平。二是实施提级增能筑平台工程。深化开发区体制机制改革，推动园区特色化、差异化发展；实施自贸试验区提升战略，彰显辽宁特色，在更广领域、更深层次大胆探索。加快中欧班列（沈阳）集结中心建设，将东北海陆大通道打造成为东北亚地区的物流枢纽和经济动脉。三是实施引强延链拓招商工程。开展"走出去""请进来"双向招商行动，重点引进一批装备制造、新材料、机器人、生物医药、新能源汽车、集成电路等领域龙头企业和世界500强企业，抓好标志性外资项目落地建设；提升辽宁招商引资促进周品牌影响力，助力4个万亿级产业基地和22个重点产业集群建设。四是实施增量提质强外贸工程。加快落实推动外贸优结构稳增长政策措施，实施"百团千企拓市场"行动，鼓励企业开拓国际市场，带动钢铁、汽车、工程装备、船舶等产品产能"走出去"；做大海外仓、转口贸易、保税维修等外贸新业态新模式，推动跨境电商与海外仓融合发展。五是实施创新联动促消费工程。开展2024年"乐购辽宁 惠享美好"系列活动，叫响辽宁促消费品牌；推

2023年2月下旬，位于沈阳市于洪区的中欧班列（沈阳）集结中心通过系统模拟测试，标志着辽宁省中欧班列步入高质量发展轨道

动商旅文体融合促消费，开展房产家居联动促消费活动。六是实施引育升级创名展工程。精心筹备第五届辽宁国际投资贸易洽谈会，做强大连夏季达沃斯论坛等国际会议平台，推动制博会、数交会、大连海博会等国家级展会向高端化、国际化发展。

余淼杰：一是出口目的地多元化。当下国际形势复杂多变，辽宁出口企业不要只瞄准欧美成熟市场，应积极地开拓新兴国家市场，并且在向不同国家市场出口产品时，辽宁企业应根据目的地收入水平和现实情况提供差异化产品，在更好满足当地需求的同时增强竞争力。二是进口规模扩大化，第一类是高质量最终消费品进口，第二类是中间品进口。三是加快建设东北海陆大通道。对辽宁而言，陆上丝绸之路建设的重点应放在向东加强和俄罗斯远东地区的经贸合作；海上丝绸之路建设的重点应"两头并进"，一方面向北推进中日韩自贸区建设，另一方面考虑加强和中东、西亚、北非的经贸合作。

■ 优化营商环境是必然要求

> 打造东北亚开放合作枢纽地能否顺利推进，关键是能否营造一个市场化、法治化、国际化的营商环境。那么，我们还要在哪些方面不断地加强和改进，不断提高贸易投资的便利化水平，优化企业发展的外部环境？

潘爽：省商务厅把打造国际化的营商环境作为推动商务高质量发展的重要抓手，以经营主体需求为导向，以深刻转变政府职能为核心，以深化"放管服"改革为动力，注重推动规则、规制、管理、标准等制度型开放，为企业投资营造稳定、公平、透明、可预期的良好环境。一是统筹全省商务领域营商环境建设，制发《省商务厅关于编制办事不找关系指南的工作通知》。二是优化外资奖励政策，全面贯彻《国务院关于进一步优化外商投资环境 加大吸引外资投资力度的意见》，制定《辽宁省关于进一步优化外商投资环境 加大吸引外资投资力度的若干措施》和《辽宁省2023年外资企业推动全面振兴新突破评价激励方案》。三是用心用情服务企业。四是充分发挥自贸试验区制度创新引领作用，实施更高水平的投资贸易便利化措施，对标国际通行规则的投资管理制度，完善外商投资信息报告制度和外商投资信息公示平台，推动实行市场监管、商务、外汇年报的"多报合一"；进一步夯实国际贸易"单一窗口"两步申报、进出口许可证、外贸经营者备案、出口退税、金融服务等功能落地工作。

余淼杰：优化营商环境的重点在于降低交易成本。交易成本分为两类，一类是显性成本，包括各种劳动力要素。另一类是隐性成本，一些地方尽管显性成本比较低，但隐性成本较高，就导致总体成本更高。切实降低交易成本就是要让各项交易阳光化，推进政府阳光平台的建设非常重要，通过阳光化降低寻租成本，这样才有利于全面构建亲清统一的新型政商关系，真正实现"办事不找关系、用权不图好处"。

■ 建设东北海陆大通道，为打造"枢纽地"提供支撑

> 东北海陆大通道是打造东北亚开放合作枢纽地的重要一环。目前，辽宁在交通运输网络上有哪些优势？未来，在提高交通基础设施联通度上，辽宁有哪些思考与谋划？

冯万斌：东北干线公路网、铁路网发达，港口和口岸资源丰富，具备构建海陆大通道的良好基础条件。我省依托三大口岸和中欧班列，不断完善向北开放运输大通道。经过多年发展，东北地区已基本建成以干线铁路、高速公路为骨架，普通公路、支线铁路为补充，沿海港口、民航机场和重要枢纽为支点的综合立体交通运输网络；已形成港口直达口岸的三大通道：由大连港经沈大线、京哈线至哈尔滨到达满洲里，由大连港经沈大线、京哈线至哈尔滨到达绥芬河，由大连港经沈大线、沈山线至通辽、集宁到达二连浩特。以铁路为支撑、以中欧班列为载体，"通道并行、多点直达"的国际铁路班列运输网络不断完善。目前，我省发运的中欧班列可直达汉堡、杜伊斯堡、法兰克福等 10 个境外终到站，辐射全球近 20 个国家 50 余座城市。港口枢纽支撑能力不断强化。

近年来，大连港凭借优良的水深条件和优质高效的服务，成为适应船舶大型化、多功能、高效率的国际深水中转港。大连集装箱码头有限公司聚焦港口主业，深耕市场，在新航线开发、业务增量拓展、智慧港口建设等方面持续发力。图为大连港集装箱码头作业现场

辽宁港口拥有生产性泊位 439 个，集装箱航线总数达 195 条，已联通东南亚、日韩、欧洲等 160 多个国家和地区，形成对 RCEP 核心港口全覆盖。2022 年，我省港口货物吞吐量达 7.4 亿吨，集装箱吞吐量 1195 万标箱，海铁联运水平全国领先，集装箱海铁联运量占港口集装箱吞吐量比重 12%，全国第一。

　　接下来，我省将继续在提高交通基础设施联通度上不断发力，为打造东北亚开放合作枢纽地提供支撑。省交通运输厅将不断完善"通道＋枢纽＋网络"的现代综合立体交通网。未来五年，计划推进亿元以上重大交通项目 156 个；推动建设高速公路 14 条，总里程突破 1800 公里；计划建设改造干线公路

7000公里；建设农村公路2.3万公里。省交通运输厅要将东北海陆大通道建设作为工作重点，依托我省的海陆空交通资源优势和三省一区国门口岸优势，构建起北上俄蒙，西进中亚、欧洲，东连日韩，南连东南沿海、东南亚的海陆互济大通道，积极融入共建"一带一路"和京津冀等国家战略。向北打造由辽宁沿海港口经沈阳、长春、哈尔滨至东北北部口岸通道，联通蒙古、俄罗斯及欧洲。向东继续巩固与日韩国家传统贸易优势，加强与俄罗斯远东地区重要港口交流合作，稳定外贸航线。向南以辽宁沿海港口为海向重要枢纽，加密与我国东南沿海内贸航线，积极拓展连接东南亚、澳洲、美洲等国际航线。同时，还要加强与京津冀地区、长三角地区等协同发展，强化京哈交通走廊带高铁、高速第二通道建设。

港口是我省的重要资源，是打造东北亚开放合作枢纽地的重要依托。未来五年，我省规划建设港口重大项目31个。到2027年，辽港航线规模要突破200条，内陆无水港和服务节点要达到40个，港口枢纽中转总通过能力要达到10.2亿吨，集装箱吞吐量达到1500万标准箱。我们还将继续大力发展中欧班列，巩固提升班列发运量和双向密度，力争2027年开行数量突破1200列。大力发展多式联运，复制推广大连港、营口港、锦州港多式联运示范工程经验，组建三省一区多式联运发展联盟，加快培育多式联运经营人，力争海铁联运量突破200万标准箱。

来之不易的成绩弥足珍贵、令人振奋，

但放眼"十四五"目标，

良好开局之后还有更为艰辛之路。

前有标兵、后有追兵，

仍需聚心聚智聚力才能突破。

只有始终保持清醒头脑、归零心态，

锚定既定目标任务，

心往一处想、劲往一处使，

才能把"起势"转化为"胜势"，

夺取新的更大胜利。

第四篇

振兴现场

战鼓催奋进
攻坚正当时

春风浩荡战鼓急，百舸争流自当先。

2024年2月18日，春节后上班的第一天，全省优化营商环境打赢攻坚之战动员大会隆重召开。会议以视频形式召开，全省4.8万人参加"新春第一会"，吹响了坚决打好打赢攻坚之年攻坚之战的集结号、冲锋号。

人到半山路更陡，船行中流浪更急。三年行动已至关键之年，只有始终保持清醒头脑、归零心态，锚定既定目标任务，心往一处想、劲往一处使，才能把"起势"转化为"胜势"，夺取新的更大胜利。

■ 把握大势 奋发图强

"三年行动首战告捷，交出一张分量厚重、提振士气的年度答卷""2023年人口净流入8.6万人，扭转了自2012年以来连续11年净流出的局面""经营主体突破515万户"……这是对艰辛来路的深情回眸，引发辽宁人民的强烈共鸣：大干必有成果，奋斗就有回报。

来之不易的成绩弥足珍贵、令人振奋，但放眼"十四五"目标，良好开局之后还有更为艰辛之路，前有标兵、后有追兵。省内经济恢复基础不牢、科技创新引领带动作用不强等，仍需聚心聚智聚力加以破解。

面对老问题、新困难，信心堪比黄金。省发展改革委党组书记、主任李鹏宇表示，新的一年，要在提振市场信心上出真招，统筹推动各项稳经济政策落实落地，让企业有感得得；在激发经营主体活力上出实招，健全政府守信践诺机制，持续开展招标投标领域突出问题专项治理，推动"非禁即入"普遍落实；在做优涉企服务上出硬招，坚决做到要素跟着项目走、服务围着企业转，着力打通堵点、破解难点、消除痛点，为打好打赢攻坚之年攻坚之战营造良好的发展氛围。

营商环境是企业生存发展的土壤，"土质"优劣直接关系经营主体的活力、区域发展的引力。持续向好的营商环境，让越来越多的经营主体对参与辽宁振兴发展投出信任票。

"这种感受是润物细无声的"，作为外资企业代表，新凯（沈阳）房地产开发有限公司常务副总经理宋士勇说："进入沈阳15年，我们也面临主营业务的转型，其间得到各级政府的大力支持。正在谋划的中国—东盟高科技经贸产业园，将致力把东盟的投资、资源引进来，把辽宁优质产品推出去。"

这份同感，米其林沈阳轮胎有限公司总经理李延冰也很深切。他说，米其林在沈阳发展的10年间，建起米其林在全球最先进的全自动化工厂，在打造绿色工厂方面走在全集团的前列，这得益于良好的营商环境，各级政府"有求必应、无事不扰"的服务精神，让企业能够专注于做好自己的事情。

长时间以来，民营经济是辽宁经济发展的明显短板之一。辽宁省委提出"建立民营经济发展服务平台，畅通政企沟通渠道"，让民营企业家直呼"干货满满"。"过去一年，各级党委、政府在我们遇到困难时给予支持、遇到困惑时给予指导，非常暖心。而今省委、省政府这份坚定态度，让我们吃了定心丸，能够增强信心、轻装上阵、大胆发展，用增加就业、贡献税收来回馈社会。"新民市云环电器商行总经理陈云环说。

■ 锚定目标　真抓实干

冲锋号角已经吹响，目标任务已然清晰。首战之年提速起势不易，攻坚之年实现赶超更难。

扩大有效投资是攻坚之年的重要内容。在省水利厅党组书记、厅长冯东昕看来，水利工程是民生工程，也是重要的发展工程，对稳投资、扩内需作用显著。他说："2024年全省计划实施水利项目1005个，其中重点项目386个，投资额超1亿元的工程项目73个，超10亿元的工程项目5个。重点是完成辽河干流防洪提升主体工程、盘锦应急供水工程建设，加快推进大伙房水库输水二期二步、葠窝水库除险加固、黑土区侵蚀沟治理、大中型灌区新建与改造、中小河流治理、涝区治理、农村供水等重点工程建设，为全省经济社会发展提供有力的水安全支撑和保障。"

常言道，"兵无常势、水无常形"，攻坚之年要啃的都是硬骨头、要攻的都是硬任务。省国资委副主任郎任仕表示，全省国资国企要勇当全面振兴的突击队、攻坚队，将锚定新时代"六地"目标定位，聚力"八大攻坚"，加强前瞻性战略性新兴产业和未来产业投入布局，深化国有企业改革，强力启动"三能机制"建设攻坚计划，完善国有企业科技创新机制，增强企业发展动力，深化央地合作，多措并举增强国有企业核心功能，提升核心竞争力。

辽宁靠实体经济起家，抢占发展高地，关键在于坚持向实而行、向新而生。"作为一家专注于节能降碳的企业，我们得到了老工业基地提供的可观的发展机遇，但实践中发现这个产业链条上所需配套的应用技术、产品主要集中于南方部分省市。强龙头、扩大招商引资引智，是发展本土节能降碳产业的有效途径。"辽宁昕宇能源科技有限公司总经理刘健说。

重大项目建设是实现经济增长、提升产业竞争力乃至增进人民福祉的有效方式。省交投集团董事长徐大庆说：“2024 年公司企业要聚焦项目建设，超常规推进全省重大交通建设工程，确保秦沈、新阜两个高速公路项目落地开工，推动在建项目力争实现更多的实物工程量；同时深化国企改革，增强企业核心竞争力，提高国有资产的运营效率和效益，使我们的企业经营利润、投资都要实现两位数的增长，不仅要夺取首季的‘开门红’，而且要确保打好打赢全年的攻坚之战。”

攻坚，考验着各级干部的精神状态、攻坚能力、工作作风。阜新彰武经济开发区管委会主任苗君明说：“攻坚之年，我们必须要有‘豁得出去’‘拿得下来’精神，拼抢争实抓落实，打通项目堵点、连接项目断点、攻克项目难点，全面推进共享理念，向高标准看齐，向发达地区看齐，在攻坚之年攻坚之战中争当奋斗者、先行者、攻坚者。”

从首战到攻坚，抖擞生龙活虎精神，保持龙腾虎跃气势，辽宁必定前程朤朤、事业骎骎！

沈阳：
抓项目　拼经济　快马加鞭招商忙

"拜访企业数比计划超出一家，而且谈得非常好，收获太大了！"2024年1月9日，刚从北京归来的沈阳高新区投资促进局招商一局负责人邹岩欣喜地说，"我们在对接企业过程中发现了新机会，立刻想方设法联系、马不停蹄登门。"

和邹岩一样，招商十三局负责人刘丹也大有收获。她和所在的招商小分队赴北京、上海、郑州等地，成功与中影集团等多家企业洽谈，近期就会有企业来沈回访考察。"对接顺利、推进快速，是因为我们前期已深入接触，掌握了需求和问题，这次是带着解决方案来见面的。"刘丹说，"千方百计，持续攻坚，什么问题都不怕。"

拿出攻坚气势，"抢"项目、拼经济，2024年开启，沈阳加速冲起来。

1月2日，新一年的首个工作日，沈阳市召开首场全市规模大会——招商引资暨重大项目建设动员部署大会，围绕打好打赢三年行动攻坚之战、在辽宁打造新时代"六地"中当好"排头兵"，发出全力抓项目、夺取"开门红"的动员令。

"深入谋、全力招、扎实推、抓紧建，努力形成更多高质量项目群。""一手抓招商、一手抓营商，当好项目落地的'助推器'。"在这场覆盖全市各县（市）区和相关部门的大会上，重大项目市级领导包保工作方案以及项目"四

沈阳市先进装备制造业企业开足马力保生产，通用技术集团沈阳机床有限责任公司的工人正在车间工作

比四看"、招商引资工作考核办法和激励机制、重大招商引资项目场景等内容正式发布，多个部门、地区负责人"摆"出工作方案现场交流。

招商、项目，为何如此之"重"？

项目是经济发展的重要载体，今天的投资质量就是明天的产业水平。沈阳市把招商引资作为"一把手"工程，坚持"项目为王"，各级党政主要领导冲在一线研究招商、洽谈项目、推进落地。开发区、产业园区、科创空间等发挥"主阵地"作用，吸引优质项目，推进产业创新。梳理断点堵点，"全链条"推进产业上下游协同发展。"精准化"对接，央企民企外企"三企"联动、"三资"齐抓，全力以赴引项目、落项目。

招商引资，你追我赶，如何快人一步？

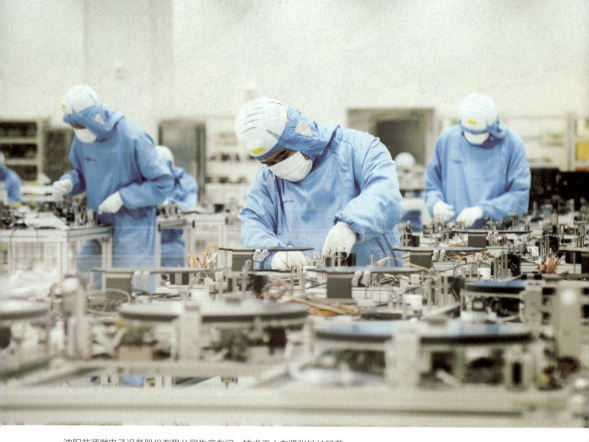

沈阳芯源微电子设备股份有限公司生产车间，技术工人在紧张地忙碌着

　　沈阳全市总动员，人人明晰职责、使命上肩。在浑南区，5 支招商队伍率先出发，开启五区十链百城千企招商征程。在中德（沈阳）高端装备制造产业园，招商人员赶赴上海、深圳、广州、长沙、连云港等地，对接数字信息科技、生物医药、高端装备制造等产业项目……在一份沈阳市重大招商活动清单中，已明确时间、地点、内容的活动达 165 场。

　　2024 年，沈阳市计划举办招商活动千场以上，新签约、新落地亿元以上项目分别达到 2000 个和 1100 个；一批全局性、基础性、引领性重大项目陆续谋划实施，3000 个重点项目开复工，235 个工业项目竣工投产。

　　谱新篇、勇攻坚，沈阳抓项目拼经济全面起势，发展热潮奔涌不息。

大连：
培育新质生产力　壮大新兴产业

2024 年新春伊始，位于大连市的航天新长征大道科技有限公司的工程师忙着开展新产品开发、维护等工作。这些工作成果将通过"长征云"工业互联网平台为众多企业提供运行保障。

"我们自主研发的工业互联网平台经过不断优化，已支持超过 300 种工业协议，提供 400 余个工业模型和超过 190 种工业 APP，覆盖多个行业。"公司大连地区负责人李伟介绍。

这一成绩的背后，是大连市坚持以科技创新推动产业创新，积极发展战略性新兴产业的坚定决心。2023 年以来，大连市通过培育新质生产力，取得显著的经济效益和社会效益。

电子信息制造业是大连市的重要支柱产业之一。大连市不断加大对该产业的支持力度，推动其向高端化发展。地拓精密公司新研发的主动防微振系统和精密并联机构取得突破性进展，打破国外技术垄断；达利凯普公司在 MLCC 领域取得显著成绩，市场占有率位居全球第五、国内第一。

软件和信息技术服务业是大连市的另一张名片。大连市通过支持企业争取国家试点示范推动产业发展。英特仿真公司的多物理场耦合分析软件入选工信部工业软件优秀产品名单；遨海科技、鑫海智桥公司的解决方案入选工业和信息化部工业互联网 APP 优秀解决方案名单。

生物医药产业是大连市的新兴产业之一。2023 年，旅顺口区生命健康产业园（I 期）工程建设完成，医诺生物公司的生物酶催化合成功能性结构油脂产业化、雅立峰公司的生物四价流感病毒裂解疫苗生产建设等一批行业重点项目陆续投产，为大连市生物医药产业发展注入新动力。

2024 年是辽宁全面振兴新突破三年行动的攻坚之年，也是大连市"两先区"高质量发展提质升级的关键之年。大连市将积极实施新质生产力培育行动，发展壮大战略性新兴产业，重点打造新一代信息技术、生命安全、清洁能源等产业集群，战略性新兴产业增加值占地区生产总值比重达到 14%。

同时，大连市将做强做大数字经济核心区，加快先进电子信息制造业、软件和信息技术服务业高端化发展；培育生物医药产业和先进医疗装备产业集聚区，建设风光火核储一体化能源基地和绿电产业园；培育以通用航空和无人机为重点的低空经济产业。

此外，大连市将前瞻布局未来产业，围绕新一代人工智能等领域，超前谋划新技术、新产品研发，加快实现技术产品化、产品产业化，开辟新领域新赛道，掌握发展先机。

左上／ 在建的大连英歌石科学城项目将打造科技创新策源地

左下／ 即将全面投产的恒力新材料科创园

科德数控股份有限公司位于大连金普新区，是大连光洋科技集团有限公司的控股子公司，是国内极少数自主掌握高档数控系统及高端数控机床双研发体系的创新型企业。图为该公司装配一车间立式加工中心

鞍山：
深化央地合作　塑造发展新动能

2024 年 1 月 15 日，位于鞍山高新区的中国五矿陈台沟铁矿项目施工现场，尽管天气寒冷，但这里的项目建设热度丝毫未减，占地千余亩的工地上，大小井架高高耸立，工程车辆穿梭不停……

"为保证冬季施工的质量与安全，项目指挥部提早做好工程防寒保暖各项措施，确保按计划节点甚至提前高质量完成施工任务。"鞍山五矿陈台沟矿业有限公司副总经理于洪军介绍。

作为维护我国钢铁产业链供应链安全的重要支撑性项目、深化拓展央企与鞍山合作的标志性项目，中国五矿陈台沟铁矿项目是国内首个超深井、超大规模开采的"双超"矿山项目。

"铆足干劲抢进度，快马加鞭赶工期。我们聚焦关键环节，进一步优化施工组织，力争早日将项目建成达产，打造央企与地方合作的典范。"于洪军信心满满地说。

"作为一家科技成果转化服务型公司，我们坚持以鞍山重点发展的钢铁及深加工、菱镁、铁矿等优势产业为主攻方向，全力推进科技成果落地转化，目前已实现 3 项重大成果在鞍产业化。"1 月 1 日，辽宁科大顺程工业技术研究

右／　总投资 229 亿元的西鞍山铁矿采选联合项目，由鞍钢矿业与鞍山市政府共同建设，是央企与地方合作的标志性项目。图为西鞍山铁矿 1 号回风井内作业现场

有限公司负责人赵琳琳表示，他们将抓住"撮合对接"这一契机，打通成果转化"最后一公里"。

为全力打好打赢攻坚之年攻坚之战，鞍山市以科技创新推动产业创新，不断提高科技成果转化水平，加快更多成果落地转化。在全市深入开展的"五提升、五攻坚"工作中，将创新提升工程作为"五个提升工程"之一部署实施，从优化创新生态、强化企业科技创新主体地位、加强创新平台建设等重点方面发力，在巩固存量、拓展增量、延伸产业链、提高附加值上狠下功夫，奋力在塑造发展新动能上实现新突破。

目前，鞍山市高成长型科技中小企业培育在库企业 220 家，2023 年新增科技型中小企业 200 家、高新技术企业 60 家、雏鹰瞪羚企业 27 家；科技创新平台总数达到 647 个；高校科技成果转化率达到 60.14%。

2024 年开年以来，鞍山市进一步深化拓展同央企合作，以起步即冲刺的

左／　鞍钢股份炼钢总厂三分厂夜班出钢 31 炉，一举打破 2016 年创造的班产 30 炉的纪录；同时，当日钢产量刷新 2018 年创造的日产最高纪录，从 84 炉提高到 90 炉，产量从 16105 吨提高到 17207 吨，为实现一季度"开门红"目标打下坚实基础

上／　鞍山加快建设千山湾项目提升城市功能品质

状态，全力抓实抓好招商引资和项目建设。

从 2023 年底到 2024 年初，鞍山市委主要领导带队赶赴北京，走访多家企业，围绕新能源开发、智慧储能装备等领域洽谈合作事宜，推动更多项目落地鞍山。"打好打赢攻坚之年攻坚之战，我们充分发挥央地合作工作专班职能，完善央地合作工作体系，精心做好项目谋划包装，扎实开展央企对接合作，推动项目开工建设，力争以高质量项目建设推动央地合作走深走实。"鞍山市国资委主任李鹏飞说。

目前，鞍山市已动态储备央地合作亿元以上项目超 100 个，总投资超 2000 亿元。

抚顺：
强力激活"创新细胞"裂变重组

2024 年 1 月 17 日，抚顺新钢铁有限责任公司智检中心里，一只机械手正在进行螺纹钢的拉伸、弯曲、复插等物性检测，以往这些检测要人工一项一项地完成，现在所有的步骤都集中在一个工作圈里借助机械手完成，样品不经手、数据不落地，整个检测流程缩短了 50%。科技赋能，让这家始建于 1958 年的老牌钢企重焕新生。企业从原来的经验型管控生产过程向数据分析、全流程科学管控生产过程转变，各项生产指标均创历史最高水平。

距离新钢铁公司不远的辽宁鸿邦装备技术有限公司也因技术创新获得了生产质效的大幅提升。公司技术质量部部长姜昊说，通过"互联网＋智能设备"、二维码全流程跟踪、"Web 应用＋移动端"等新技术，企业在减少用工的同时，生产效率提高了 30%，产能增加了 28%。

以科技创新引领现代化产业体系建设，已经成为抚顺市增强创新主体活力的有效载体。

攻坚之年，抚顺市加快创新载体、创新主体、创新生态、创新人才团队建设，逐步构建起体制全新、机制灵活、政策完备、功能完善的创新驱动体系，强力激活和促进"创新细胞"裂变重组。

2024 年，抚顺将持续强化数字赋能，拓展工业互联网标识解析二级节点应用，建设数字车间、智能工厂；支持抚顺高新区建设省级数字经济示范园区，

上／　抚顺永茂建筑机械有限公司车间内生产场景火热

下／　抚顺矿业集团有限责任公司西露天矿坑下 28-5 生态修复现场一派热火朝天，争分夺秒
推进矿山复绿及春季大型义务植树准备工作

185

阳春三月，辽宁各地抢抓工期全力推进项目建设。在抚顺，2024 年一季度，全市共有 173 个项目开复工，总投资 458.4 亿元。各大项目建设现场，开足马力、"争春"提速的滚滚热潮扑面而来。图为总投资 3.86 亿元的抚顺渼瑞石油化工有限公司项目开工现场，工程车辆整装待发

推进抚顺石化——华为创新中心建设，启动抚矿集团智能控制中心建设，支持"两钢"数字化智能化改造。

抚顺市将建设一批科技创新平台；继续推进高新区中试基地、"抚顺高新区科技企业飞地孵化中心"建设，提升园区科技型企业群体数量；帮助石化产业技术创新研究院、固体废弃物产业技术研究院做大做强，成为全市创新发展的主阵地；年内力争获批 1 家省级中试基地。

抚顺市继续实施科技企业梯度培育和倍增计划，加快培育壮大国家高新技术企业、科技型中小企业、省级雏鹰瞪羚企业群体；推广"免申即享"举措，落实企业研发费用加计扣除、科技创新后补助、科技金融等激励政策，为企业提供更多"面对面""保姆式"服务，助力企业创新发展。

目前，抚顺市已拥有国家高新技术企业 162 家、国家科技型中小企业 581 家、省级雏鹰瞪羚企业 76 家。

本溪：
加速工业企业智能化转型

2024 年 1 月 12 日，辽宁华润本溪三药有限公司颗粒剂生产车间内，工作人员齐宏金正在进行药品装盒作业，在他面前的是既能独立抓取包装袋，又能辅助装盒机推袋入盒的智能机械手。

"以前，这些都是人工操作，不仅费时，而且成本高。"齐宏金说，"近几年，公司实现了人工智能生产，缩短了生产周期，提高了生产效率，主要产品产值均增长 20% 以上。"

近年来，本溪三药公司通过多维数据异构集成和统计分析，构建了设施互联、系统互通、数据互享、业态互融的智能化管控体系，持续推动颗粒剂生产自动化与信息化，打造了中药制造高质量、低成本、快交付的全新模式。

距离三药公司不远的辽宁未来生物科技有限公司也实现了智能化升级，公司不久前新引进全自动提升混合机，能将各种物料按照比例投入可移动式料斗中，然后通过程序控制进行转动混合，把料斗运输到多列式全自动包装机进行内包装，最终输送至全自动装盒机进行装盒操作。

"工序全部实现智能化操作，提高了工作效率。"辽宁未来生物科技有限公司相关负责人说。

高质量发展要求高质量转型，制造业向着高端化、智能化、绿色化发展成为必由之路。依靠智能制造缩短生产周期、提高生产效率，已经成为本溪高新

左 / 本钢冷轧连退生产线刚下线的优质卷板
上 / 辽宁华润本溪三药有限公司员工在检查产品质量

技术产业开发区生物医药产业的新特征。本溪市的工业企业智能化转型也在加速发展。辽宁山水工源水泥有限公司搭建了一套可智能管控平台的数字化智能矿山系统，能够打通各业务环节的数据流转和信息流通，实现全员全流程协同与智能化操作，并能够通过地理信息系统、虚拟现实技术及物联网等技术，对矿山复杂的生产系统进行精确建模、实时感知，提高日常生产过程中的响应速度。

2023年以来，本溪市筛选了77个企业数字化项目重点推进，目前已有本钢一体化平台建设、本钢板材公司信息化系统数字化网络化改造、本钢板材公司无人行车、北营公司信息化改造等项目建成投入使用。

攻坚之年，本溪市全力加快推进工业产业智能化改造，以生产管理、工业控制两大系统互联和集成为重点，建设一批智能制造车间和生产线，通过"机器换人""设备换芯""生产换线"的智能化改造升级，促进制造工艺仿真优化、制造过程智能化控制、生产状态信息实时监测和自适应控制，打造一批高标准智能工厂，加快构建以数字经济为引领的现代工业和信息化产业体系，抢占未来发展先机。

丹东：
扭住科技创新"牛鼻子"

严寒未能阻断丹东企业技改发展的步伐，在位于丹东边境经济合作区港口工业园区的和本精密机械有限公司，原来由 20 名工人控制操作的恒温车间，如今由 4 名工人便可完成操作，而投资 20 万元引进研发的一套数控系统则实现了无人操作。

"在 5G+ 工业互联网赋能下，企业能耗费用较 2022 年下降 60 多万元，产品制造周期从 15 天缩至 10 天，生产效率提升逾三成。"和本精密机械有限公司负责人介绍，实施技改后，企业可以实时、准确地掌握和分析供应、生产和销售的全流程数据，实现所有出厂产品可溯源管理。

和本公司的技改成果是丹东市数字化、智能化发展的一个缩影，寒冬里的技改热潮随处可见。在丹东边境经济合作区，工业互联网标识解析综合型二级节点及应用服务平台暨江湾智慧工业平台项目进入试运行阶段，19 家企业完成接入工作。瑞银科技双系统超安全平板电脑研发生产基地项目正在进行主体楼施工，6 栋标准厂房主体即将完工……丹东市"百企百亿技改"在行动，坚持以科技创新推动产业创新，不断开辟发展新领域新赛道，塑造发展新动能新优势。

2024 年是实施全面振兴新突破三年行动攻坚之年。辽宁省提出要扭住科技创新这个"牛鼻子"，把实体经济做实、做强、做优，提升产业体系现代化

辽宁孔雀表业（集团）有限公司百万只高端机械表机芯智能研发制造平台

水平。落实省委、省政府决策部署，全力打好打赢攻坚之年攻坚之战，丹东市坚持智能化、绿色化、高端化方向，滚动实施"百企百亿技改行动"，投资100亿元，力促100个企业的100个项目实施技术改造，提质增效拉动工业经济高质量发展。

锚定以开放型城市、创新型城市、幸福宜居城市建设推动全面振兴取得新突破的目标，丹东市以科技创新赋能产业高质量发展，加快传统产业数字化、网络化、智能化改造，截至目前，全市已经实施了103个打破自身瓶颈、延链补链强链、实现增产扩能的技术改造项目。克隆集团数字化工厂、东深新材料基地等35个项目已实现竣工投产，正在奋力实现从"制造"向"智造"的华丽转身。

2024 年 3 月 21 日，在丹东三鑫矿业有限责任公司设备更新改造现场，技术工人加班加点推进施工进度。设备更新改造后，日处理矿石量可由 300 吨提升到 800 吨

锦州：
打出组合拳　聚力"招大引强"

2024 年元旦刚过，锦州市连续举行全市招商引资和项目建设誓师大会、重点项目集中签约大会、45 个招商局培训会议……2024 年，锦州市的目标是新签约 500 个亿元以上项目，引进内资到位额 500 亿元，实际利用外资额 5000 万美元。

2023 年以来，9 个开发区（园区）新组建 41 个招商局，聘任社会化招商力量，实施"两套体系、双线作战"；组织央地合作、医药健康、文旅融合、食品加工、冶金新材料、驻辽商会锦州行等大型主题招商活动。全市共开展国内招商活动 1166 批次，723 个重点项目签约，中石油能源安全、大唐产业及绿色能源、中城石金智能装备产业园、中化赛鼎油砂利用等重点项目签约落地；开展项目集中开复工、项目拉练活动 12 次，中电光谷锦州智谷、锦州石化 40 万吨针状焦、兵器集团北方能源基地、神工半导体级硅制品、康泰 8.5 万吨润滑油添加剂及研发中心等 963 个重点项目开复工；引进国内实际到位资金

右上／　位于锦州市汤河子经济开发区的宝钛华神钛业有限公司，在行业内首先实现海绵钛"氯化＋精制＋还原＋电解"的循环经济生产模式，拥有国内最先进的海绵钛生产技术，是国内唯一实现全流程的钛锆铪生产企业，是国家高新技术企业、省级专精特新"小巨人"企业、省级企业技术中心、省级智能工厂。图为宝钛华神钛业有限公司钛精整生产线智能化包装设备
右下／　锦州石化公司 40 万吨／年针状焦项目，核心设备焦炭塔正在吊装

401.4 亿元，同比增长 25.9%；实际利用外资额 3948 万美元，同比增长 8 倍。

"大抓招商、猛攻项目"的号角已经吹响。2024 年，锦州市将紧扣高质量发展脉搏，聚焦"136921"发展战略和"一区域、两中心、两高地"及"七个城市"发展定位，坚定不移把招商引资作为推进经济发展的一号工程，以"聚力产业创新，建设中心城市"为主题，突出科创引领；以"五大工程"为主线，明确产业招商方向；以"产业优势需求、存量企业倍增、新兴产业培育、深化央地合作、金融创新助力、科技人才引进"为抓手，紧盯京津冀、长三角等重点地区，集中精力、尽锐出战，打出招商引资组合拳，为推动锦州可持续振兴蓄势聚能。

锦州市以攻坚之年的战斗姿态谋划重点项目。聚焦"五个清单"，配套"五项机制"，实施项目全流程跟踪服务和过程管控，强力推进滨化集团年产 100 万吨高端树脂项目、神工半导体碳化硅项目、奥鸿创新药等一大批清单内的项目滚动实施签约落地，真正形成"谋划一批、签约一批、落地一批、开工一批"的发展格局。

把握跨越赶超的发展窗口期，把思想和行动统一到拓展招商新赛道的决策部署上来，锦州市牢牢扛起招商责任，主动出击、乘势而上，加快"6+1"产业链式集聚、集群发展，全面提升产业园区的承载能力，力争在"招大引强"上形成新突破。

同时，锦州市将全方位整合招商力量，用好用足 45 个招商局、12 个产业招商专班、行业商协会等资源，通过小分队招商、头部企业招商、以商招商、陪伴式招商多维度多层次发力，组织开展多批次、高频率、大密度招商引资活动，破解项目推进难题，确保完成全年招商引资任务，在这场辽宁全面振兴的攻坚战中冲锋在前。

营口：
攻坚大项目　打造"新引擎"

　　天气寒冷，盖州仙人岛港区中交营口 LNG 接收站项目建设却持续升温。不久前，该项目接收站工程储罐承台完工，取得重要阶段性成果。

　　该项目承载了国家能源安全和新能源两大战略，总投资约 116 亿元，年最大接收能力 620 万吨。项目建成达产后，每年可为东北及内蒙古东部地区提供87 亿立方米天然气，年均产值 300 亿元以上，年减排二氧化碳 1151 万吨、二氧化硫 8.9 万吨、二氧化氮 7.8 万吨。

　　在营口陆上风电项目各施工现场，机器轰鸣、车辆穿梭，升压站建筑、基础设施等施工进程全力提速。目前，该项目的 6 个风电子项目均全面开工。

　　营口陆上风电项目是营口千万千瓦级可再生能源基地建设的标志性工程。项目预计总投资 112 亿元，总装机容量 131.4 万千瓦。项目全部建成后，每年可累计上网电量约 34.49 亿千瓦时，年均产值 11.72 亿元，年均利税将达到 2.73亿元。

　　在 2024 年这个全面振兴新突破三年行动攻坚之年，营口市加强统筹谋划，优化政策供给，强化项目支撑，全力推动高质量发展。依托 8 个投资超百亿元的重大项目建链、补链、延链，集中精力打造清洁能源、钢铁、黄金、铜 4 个千亿级支柱产业集群和精细化工、铝、镁、粮油食品 4 个三百亿级传统产业集群；同时，依托这些重点项目，坚持建链、延链、补链、强链，促进域内企业

合作共赢、域外企业落户营口。

围绕一批大项目，营口市实行领导负责制和"管家式"服务，积极扩大有效投资，为经济社会高质量发展注入强大动力，全市上下掀起项目建设热潮。

同时，营口市加快打造营商环境"升级版"。全面提升营商环境建设水平，加大法治环境、政务环境、市场环境、人文环境建设力度；加快政务服务标准化、规范化、便利化建设，大力推进"一件事一次办"和"一网通办"，全面提升政务服务水平。

左上／ 在建的中交营口 LNG 接收站项目

左下／ 2023 年 3 月 23 日下午，辽港集团营口港集装箱码头，8 万吨级中谷福州号集装箱货轮在两艘拖轮协助下徐徐进入泊位。据统计，该公司 2023 年 3 月客户船舶运力同比增长 21.59%

阜新：
跑出创新发展"加速度"

寒冬时节，在阜新市阜新蒙古族自治县铸造园区内，阜新建兴金属有限公司冶金固废综合处理二期项目建设如火如荼。被皑皑白雪覆盖的厂区，一边是机器轰鸣的生产车间，一边是塔吊林立的施工现场，共同勾画出火热的生产建设图景。

"二期工程计划 2024 年 7 月投产，将新建省级技术研发中心和多条固废处理生产线，形成冶金固废预处理、循环利用及深加工、废气发电、稀贵金属提纯、钾肥生产等循环经济发展产业链，为企业实现年产值 20 亿元奠定基础。"阜新建兴金属有限公司负责人林建强告诉记者，2018 年落户阜新蒙古族自治县铸造园区以来，建兴金属在市、县相关部门的帮助下，不断提升自身科技实力，加速产业转型升级。

迎寒而上，项目建设不歇冬，创新发展不松劲。近年来，阜新市紧紧围绕实施创新驱动发展战略，突出企业创新主体地位，强化科技创新平台建设，加速科技成果转化，不断推动地区经济结构转型升级。

2023 年，阜新市扎实做好结构调整"三篇大文章"，实施延链补链强链项目 100 个，规上工业企业数量增长 14.8%，利润总额增长 30% 以上；"新字号"发展势头强劲，新增省级"专精特新"企业 10 户，为历年最多；科技型中小企业、高新技术企业、雏鹰瞪羚企业分别增长 31.1%、15.9%、28.8%，"带土

阜新位于松辽清洁能源带黄金位置，光照、风力比较优势明显，正积极发展新能源产业，加快建设风光资源开发

移植"引进科技创新创业团队 40 个；全社会研发投入增长 78.5%。

攻坚之年，阜新市聚力推进新型工业化，进一步强化创新驱动引领；推动全社会研发投入继续保持高速增长，梯次培育一批科技型企业，计划新增科技型中小企业 80 户、高新技术企业 10 户、雏鹰瞪羚企业 10 户；开展"科技成果转化年"活动，巩固发展与中科院等高校院所合作成果，实施省市级"揭榜挂帅"项目 10 个、建设省级实质性产学研联盟 10 个、创建省市级专业技术创新中心 15 家；以创新力巩固提升优势产业、加快形成新质生产力、推动园区提质增效，打好打赢攻坚之年攻坚之战。

辽阳：
全力打造招商引资"强磁场"

      备受辽阳市民瞩目的辽阳大型人防公交枢纽工程在 2023 年的春天里，建设速度提升了一大截儿。在辽阳市委、市政府的重点关注和督导下，施工按下了"快进键"。6 月底前，东广场地下回廊工程完工，地面围栏拆除，实现部分开放；10 月底前，辽阳火车站东广场地上全面开放。

      另一个见证辽阳速度的是年产 300 吨高科技新材料的央地合作项目。从 3 月 1 日签约立项到 6 月 8 日开工建设，仅用时 100 天。其间，经过 12 项审批业务、24 个审批阶段，工作日由 67 个压缩至 39 个，创造了新的"辽阳速度"。

      项目建设提速、审批提速，是辽阳市笃定实干，一心一意求发展、谋发展、快发展的真实写照。

      辽宁艺朦织旺地毯有限公司车间内，工人正在对刚刚入境的汽车塑料零件进行加工修理。公司董事长褚乃博说，在辽阳海关的帮助下，仅用 3 天时间，企业就办完了货物通关手续，为企业降低成本近 40 万元。

      同样，在辽宁鸿昊化工股份有限公司，投资 6 亿元、建筑面积 1.2 万平方米的高科技新材料项目实现当年签约立项、当年开工建设、当年主体建筑封顶。公司总经理助理李小华告诉记者："项目的快速推进离不开辽阳市委、市政府的大力支持，以及全市各级各部门提供的'全程式''保姆式''链条式'服务。"

      2023 年以来，辽阳市聚焦"打造营商环境升级版"目标，破除体制机制障碍，用系统观念、市场思维、开放意识、服务理念、法治思维抓营商环境，环环相扣，推动营商环境质量大幅提升，全力打造招商引资"强磁场"。

聚焦三年行动，全面深化改革。深化审批流程再造、推动"一件事一次办"和"办事不找关系"改革，全面实行惠企政策"免申即享"，加快数字政府建设，推进"一网通办""一网协同""一网统管"……以"硬措施"提升营商环境"软实力"，构筑高质量发展"硬支撑"。

秉持"全心全意为企业服务"初心，再塑更加便企利企、更加有利于项目建设的发展环境。组织政银企融资对接活动48场（次），为企业完成融资2.06亿元。开展"助企会客厅 亲清茶话会"系列活动，帮助企业争取落地政策35项。"无事不扰、有求必应"成为各级干部服务共识。

辽宁西电兴启电工材料有限公司是国家高新技术企业、国家专精特新"小巨人"企业。图为工作人员在恒温恒湿库查看库存

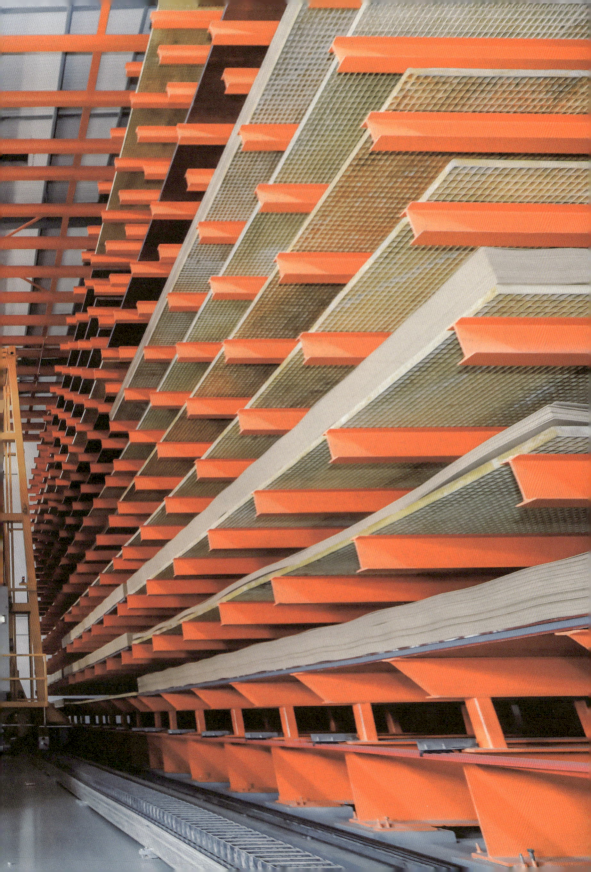

铁岭：
头部企业项目领衔"冬日会战"

2023 年冬天，铁岭的项目发展"热气腾腾"。

国家第一批大型风电基地项目——国家电投铁岭市百万千瓦级风光火储多能互补示范项目一期，清开 21 万千瓦风电项目正在寒风中加速推进集电线路施工。

铁岭地处辽宁省的最北端，冬季漫长而寒冷。但是 2023 年以来，这里却冒雪掀起了项目建设的大会战，辽宁华电铁岭 25 兆瓦风电离网储能制氢一体化项目、尼尔科达集团（昌图）家居产业园项目、安琪酵母生物发酵饲料绿色制造项目等头部企业项目，都在加速推进。

这个加快投资进度、加快形成实物工作量、加快推进项目投产达效的奔跑状态，就是三年行动实施以来铁岭的常态。

针对主动服务央企，引导支持央企融入我省经济发展，特别要围绕加强央企在辽产业配套、延伸拉长产业链条，搞好"点对点"合作的部署，铁岭市委、市政府主要领导主动谋划，带头冲在抓落实的第一线。

依托粮食集团、农垦集团谋划农产品加工集聚区和粮食流通集散地等承接载体，围绕风光资源、城市运营、矿区改造等领域策划合作契合点，然后再带着这些载体资源到北京的央企国企总部拜访，一家接一家地推介铁岭，一个项目一个项目地洽谈对接。

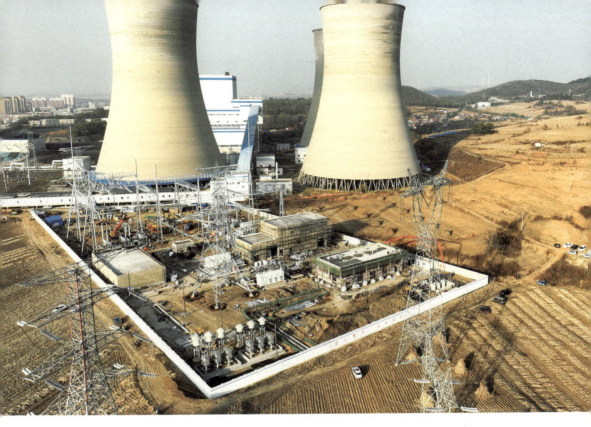

国家电投铁岭市百万千瓦级风光火储多能互补示范项目（一期）施工现场

　　正是有了与大唐、华电、中能等中央企业的 158 次对接，正是有了招商活动中的精心准备、主动敲门、专班推进、全程服务，才有了国家电投铁岭市百万千瓦级风光火储多能互补示范项目的多点开工，才有了辽宁华电铁岭 25 兆瓦风电离网储能制氢一体化项目 5 个月实现开工的"铁岭速度"，才有了如今热气腾腾的"冬日会战"场景。

　　抓住项目建设这个"牛鼻子"，真抓实干、埋头苦干、科学巧干，铁岭的增长势头振奋人心。随着一些高质量项目的签约落地，特别是几个头部企业项目的顺利推进，人流、物流、资金流的活跃度明显提升，工业用电量、公路货运周转量、金融业贷款销售收入、新发展市场数量均实现较快增长，铁岭的发展预期逐渐向好，发展质效明显提升。

朝阳：
抢占新一轮产业竞争制高点

2023 年冬日上午，走进朝阳金达钛业股份有限公司，只见生产线上一片繁忙，智能化生产指挥中心大屏幕上数字闪动，助力生产车间实现精细化管理。"企业实施数字化改造后，实现设备互联互通、工艺过程全流程管控，生产线与装备数据采集率、数字化率达到 90% 以上，提高生产效率 20% 以上。"企业负责人介绍。

作为国家级绿色工厂，金达钛业坚持走生态优先、绿色低碳发展道路，积极推进数字化转型，着力发展循环经济，以科技创新、绿色生产、体系建设不断擦亮高质量发展底色。企业投资 3000 余万元打造智能化管控体系，搭建以 DCS 系统为核心的智能控制系统，实现生产工艺数据采集、状态检测、工艺参数智能优化与控制；搭建了 ERP、MES 等系统数据平台，开发自动化、数字化、智能化控制技术，具备数字建模、大数据分析 DIY、智能 APP 组态开发、智慧决策和分析等能力，可解决生产控制、管理和运营的综合问题，进一步提升了企业现代化水平。

数字化绿色化"两化"协同，既是推进新型工业化的必然选择，也是实现工业高质量发展的关键环节。朝阳市把数字经济和工业绿色体系建设作为推动高质量发展的重要支撑，深入园区、深入企业，调查研究、精心谋划，先后召开数字化现场观摩推进会、第一届 5G+ 工业互联网大会暨第三届工业数字化转型升级城市峰会、工业数字化暨工业绿色制造体系建设现场推进会，以更高站位、更实举措、更大力度推动工业数字化绿色化转型发展，抢占新一轮产业竞争的制高点。

2023 年，朝阳市新实施数字化赋能升级企业 76 户，开展"两化融合"评估诊断企业 123 户。自朝阳市提出"大力推进工业数字化进程"以来，有 232 户企业实施数字化赋能升级，占规上企业总数的 53%，工业数字化工作走在全省前列。全市共有 30 家企业获得国家级、省级工业数字化方面的荣誉 39 项。朝阳工业数字化绿色化转型形成了从"投入"向"产出"快速过渡、从"实践"向"实效"加速转变、从"创新"向"创造"加力突围的良好发展态势。2023 年，经济总量跨越千亿元大关；2024 年，以"三个大抓特抓"推动经济高质量发展。2024 年，朝阳市将以归零心态重整行装再出发，聚焦经济建设这一中心工作，扎实推进"六个着力建设"，聚力"八个攻坚突破"，大抓特抓增长，大抓特抓产业，大抓特抓企业，及早动手、快速出击、全力攻坚，推动经济实现质的有效提升和量的合理增长。

中电朝阳 500 兆瓦光伏发电平价上网示范项目二十家子升压站

盘锦：
抢占产业发展"新赛道"

2023年深冬时节，辽宁金发生物材料有限公司年产80万吨生物基材料一体化（一期）项目施工现场，各项工作正有条不紊推进。这一火热繁忙的建设景象，与严寒天气形成了鲜明对比。

计划总投资80亿元、亚洲最大的生物基材料一体化项目的兴建，使辽滨经开区新材料产业实现了化工新材料和生物基新材料双轮驱动，对于盘锦市石化工业绿色转型，增加绿色产品供给具有重要意义。

科技创新是推动东北全面振兴的关键所在。盘锦市坚持创新生态、创新平台、创新人才"三位一体"推进，创新能力和创新水平显著提升，为经济社会高质量发展提供有力支撑。

重大公共服务创新平台建设取得进展，一批科技成果从"实验室"走向"生产线"，迈向"市场化"。盘锦市建立"赛马"机制，创建一北一南两个中试基地，加速科技成果产业化。在盘锦精细化工中试基地，三力中科、格林凯默等6家企业完成中试并实现本地产业化，其中三力中科"甲基丙烯酸甲酯"千吨级中试技术达到国际先进水平；在盘锦辽滨经开区化工新材料中试基地，金发科技研发中心等相继签约入驻；高分子材料特种功能添加剂项目部分产品中试基本完成，打破了国外企业技术垄断，解决了"卡脖子"难题。

高端创新人才引育不断增强。发挥人才政策导向作用，深入实施"带土移

盘锦三力中科与中科院大连化物所合作的科技成果转化项目，目前已完成主体工程建设，正全力进行配套工程施工及设备安装调试。该项目总投资 11 亿元，建成后可年产 10 万吨新材料。图为盘锦三力中科 10 万吨新材料生产项目施工现场

植"工程，信汇新材料高分子量聚异丁烯橡胶制备工艺等 3 个项目团队成功入选。同时，依托中国国际人才交流大会、海外学子创业周等活动载体引智育才，组织中录油气等企业对接清华大学、北京化工大学等高校院所，柔性引进产业发展急需的高端人才，全年实施"带土移植"项目 7 项。

科技创新生态持续优化。盘锦市政府与大连理工大学、江南大学等 5 家高校签订战略合作协议，成功举办催化新赛道助力地方高质量发展研讨会、2023 中国石油化工产业高质量发展大会等大型会议，带动科技成果转化 70 项，技术合同交易额 9.27 亿元，技术合同成交额同比增长 22%。

强化企业创新主体地位，梯度培育科技型企业，科技型中小企业总数达到 560 家、同比增长 36%，高新技术企业总数达到 211 家、同比增长 8%，雏鹰瞪羚企业总数达到 102 家、同比增长 17%。

2023年3月29日上午，全省瞩目的精细化工及原料工程项目开工仪式在盘锦市举行。该项目是辽宁省打造万亿级石化及精细化工产业基地的支撑项目，在辽宁全面振兴新突破三年行动中写下浓墨重彩的一笔。图为华锦化工厂区

　　同时，盘锦市还积极培育发展新能源、新材料、电子信息等新兴产业，构建多点支撑、多业并举、多元发展的现代化产业体系。辽滨经开区、盘锦高新区成为全省首批"5G+工业互联网"融合应用先导区；数智油田、辽河储气库智能化等数字项目建设加快推进；键凯科技、格林凯默等新材料新医药项目相继竣工投产。盘锦高新区电子信息产业蓬勃发展，光学电子产业基地一期正式投用，中蓝电子马达产品出货量位列国内第一、全球市场占有率达到14.1%，实现了关键技术自主可控、完全国产化替代。

葫芦岛：
推动项目落地建设"加速跑"

严寒挡不住建设者的脚步。2024年1月13日，在总投资82.57亿元的国网新源兴城抽水蓄能电站项目现场，大型车辆往来穿梭，机器轰鸣，近200名工人操作重型机械，挖掘深坑、搬运材料，现场繁忙而有序。项目负责人介绍，目前项目交通洞洞身石方开挖累计挖洞59.75米，通风洞洞身石方开挖累计挖洞99.3米，按项目目前施工进展推算，预计2024年7月项目水库工程可开工建设。

在项目建设马不停蹄之际，作为服务项目建设的"后方"，辽宁兴城抽水蓄能电站工程建设征地移民安置实施工作领导小组办公室紧跟项目建设脚步，为即将进驻兴城开展工作的项目设计单位积极协调办公场所。从项目筹备开始到施工建设，他们事无巨细，每天接打电话，深入一线，帮助项目各方沟通协调、高效对接，全链条提供服务保障，不到50天完成项目征地拆迁与土地手续办理，让项目开工时间比原计划提前了7个月。

重大项目是葫芦岛在全面振兴三年行动中展现更大作为的硬核支撑。2023年，葫芦岛开年即冲刺，坚持项目为王，聚焦项目前期工作这一重要环节，对150个重点项目开展百日攻坚行动。推动徐大堡核电、中化扬农化工、兴城抽水蓄能电站等一大批重大项目快速推进，创造了一个又一个高效审批的葫芦岛速度。

2024年是实施全面振兴新突破三年行动攻坚之年，葫芦岛提早部署，抢在开年之前启动2024年"百日攻坚"行动，制定《葫芦岛市2024年推动签约项目落地"百日攻坚"行动方案》和《葫芦岛市 2024 年重点项目推进工作"百日攻坚"行动方案》，将 100 个已签约项目和 200 个计划新开工重点项目纳入项目清单，抢抓冬春季手续办理黄金期，聚焦已签约项目和新建、续建项目前期手续办理及建设堵点问题解决等关键环节，利用 100 天时间开展攻坚，推动项目早落地、早建设、早投产、早见效。

为此，葫芦岛市成立市委、市政府主要领导任组长的重点项目前期工作"百日攻坚"行动领导小组；市委常委、副市长分片包保，带领各县区、园区和市直单位从项目立项到发放施工许可全过程全链条攻坚，清单化管理、项目化落实、工程化推进重点项目前期工作。建立高频调度机制，市委主要领导每月一调、市政府主要领导和包片领导每周一调、各地区和市直部门负责同志每周两调、各级项目发展服务中心一日一调，逐个项目研究，确保问题及时解决、前期手续及时办结，全面掀起新一轮重点项目集中落地开工热潮，为打赢三年行动攻坚之战提供强有力支撑。

葫芦岛港是辽西和内蒙古地区最近的进出口岸，
是以货物装卸、仓储为主的全年不冻港